Frédéric Lefebvre-Naré

Les data en 120 points et 0 prérequis

Août 2023

Ce livre a été imprimé par Amazon KDP à partir d'août 2023 (2ème édition).

Logo « data » et « data Strategies » : Fanny Lefebvre-Naré

ISBN : 978-2-9578615-3-8

Dépôt légal : août 2023

Suivre les data du phénomène dont elles gardent trace, aux algorithmes qui s'appuient sur elles : leur cycle de vie

Les « efforts millénaires… des militaires et des marchands… pour rassembler et transmettre l'information (suivaient) trois axes… : collecte (le renseignement) ; exhaustivité (l'inventaire) ; synthèse (le rapport).

Subitement, cet ordre rassurant se trouve dispersé par le rythme rapide des mutations scientifiques et techniques, le volume gigantesque des informations à traiter, la brusque réduction des délais, pour la prise de décision et l'exécution ».

Antoine Lefébure, Maurice Ronai, "La guerre des données",
in "Le Monde diplomatique", novembre 1979

La guerre des données — Le Monde *diplomatique*

par Antoine Lefébure & Maurice Ronai

l'issue de toutes ces batailles est, en effet, conditionnée par la maîtrise de l'information, par les inégalités affectant la capacité des uns et des autres à prévoir et faire des choix. En dernière instance, c'est la pertinence de l'information et de son traitement qui permet de faire les bons choix d'investissement, d'implantation, de mouvement ou de commercialisation.

Novembre 1979, page 13

1. Les data dont vous auriez besoin sont déjà là (non ?)

#Datification #Trace #Record #Numérisation #Digitalization

Beaucoup de nos gestes et mots sont enregistrés. Beaucoup, aussi, de ce que font machines et ordinateurs. Ces enregistrements — les data [1] — s'accumulent, prennent une place croissante : le monde se **datifie**.

Les data **augmentent en volume**, avec le flux des calculs informatiques et avec le temps accumulé ; et aussi, elles prennent une **place croissante dans nos représentations du monde**, nos métiers, notre imaginaire.

Ainsi, les recherches Google sur « data » augmentent depuis 2012 plus que d'autres sur l'informatique ou le monde réel.

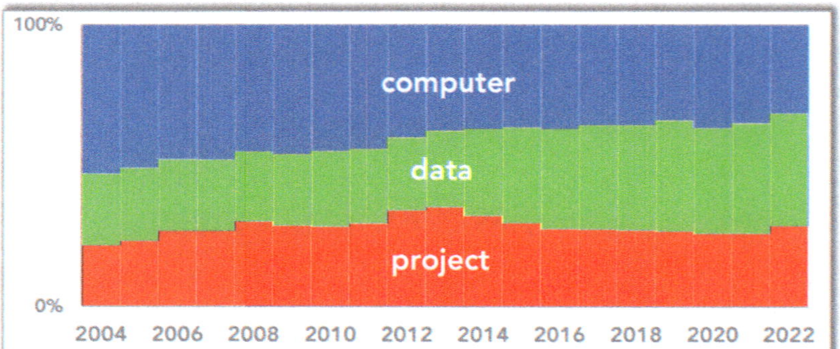

Fréquences relatives de 3 termes dans les requêtes sur Google depuis les États-Unis (source Google Trends ; avec retraitements)

Déjà en 1984, Dorothy Smith notait :

> *« Nos vies infusent dans un processus d'inscription, de production de traces imprimées ou écrites, de réutilisation de ces traces »*[2].

A l'époque, ces traces *écrites* étaient *imprimées* sur des supports analogiques :

- Le passage d'une voiture devant un radar,
- Le tir d'une balle sur une cible,
- Une discussion entre enquêteur et personne interrogée,

… laissaient des traces sans que le radar, la cible ou l'enquêteur n'aient de mémoire numérique. Accéder à ces traces papier, les exploiter, les transmettre, était compliqué.

Les traces que nous laissons aujourd'hui sont essentiellement numériques. Cela les rend aisément reproductibles, transmissibles, accessibles.

Si quelque chose qui se passe dans le monde vous intéresse, il y en a sans doute déjà quelque part, accessibles ou presque, des traces, des data.

➔ Les contenus de ce livre sont également en accès libre sur datastrategies.fr. Chaque point est repris d'un post LinkedIn, dont le lien figure ou figurera sur datastrategies.fr. Certains sont suivis d'une discussion instructive. Tous en tout cas accueillent vos commentaires, questions ou suggestions !

---

[1] *Data* est un mot latin, le pluriel de *datum* (du verbe *dare*, donner). Il a été adopté en anglais où il est indénombrable, comme par exemple *knowledge*, traduit par « la connaissance » ou « les connaissances » selon le contexte. Mettre en français « data » au singulier est devenu coutumier ; on peut même lire « les datas » 😱. Je garde dans ce manuel le pluriel « les data », qui me semble plus fidèle à leur diversité.

[2] Phrase citée par Jérôme Denis, "Le travail invisible des données", Presses des Mines, 2018.

2. Passer en revue les phénomènes observables

#Phénomène #Phenomenon

Les data sont des traces, mais de quoi ? Pas de la réalité. Seulement de ce qui en est manifesté, des **phénomènes**.

Cette notion est le point « Emmanuel Kant » de la science des données ! Kant définit le phénomène comme « la manière dont une chose, un fait du monde physique (objet, action…), psychique (émotion, pensée…) ou social (produit d'interactions sociales) se manifeste à la sensibilité d'un être vivant » (merci Wikipedia !).

« Kant : que veut dire chose en soi ? », par Kenneth Ng sur YouTube (13')

C'est très pratique et opérationnel.

Vous allez en mission dans une cafétéria pour trouver comment améliorer ses affaires. Que pouvez-vous enregistrer ? Le repas lui-même n'est pas enregistrable ! Mais par exemple :

- La trajectoire des personnes dans la salle
- La durée du repas
- Le montant de leur achat
- Un sentiment qu'elles exprimeraient après le repas (satisfaites ou non ?)
- Et encore ?

Pour recenser ces phénomènes, Kant donne une indication : nous les percevons à travers l'**espace** et le **temps**. Parcourir la réalité que vous étudiez dans son fil chronologique et son étendue spatiale vous révélera les types de data qu'il va être possible de collecter ou retrouver (au lieu de partir bille en tête sur un de ces types de data, réflexe fréquent chez mes étudiants).

L'intelligence artificielle actuelle (apprentissage profond, *deep learning*) perçoit elle aussi les phénomènes en les situant dans l'espace et le temps ; que ce soit pour analyser des images ou pour créer des textes. La référence à Kant est d'actualité ! La voici dans l'article de chercheurs de Google présentant une nouvelle architecture de *deep learning*, le *Perceiver*[3].

> But permutation invariance means that the Perceiver's architecture cannot in and of itself exploit spatial relationships in the input data. Spatial relationships are essential for sensory reasoning (Kant, 1781) and this limitation is clearly unsatisfying. In the attentional literature, positional information is typically injected by tagging *positional encodings* onto the input features (Vaswani et al., 2017), and this is the strategy

[3] Andrew Jaegle Google DeepMind) et al., "*Perceiver: General Perception with Iterative Attention*", 2021

3. Capter le phénomène avec le moins de biais possible dans un budget donné : 1er des métiers des data

#Data #Facta #Capta #Sublata

"It is an unfortunate accident of history that the term datum... rather than captum... should have come to symbolize the unit-phenomenon in science."

H.E. Jensen, in "*Through Values to Social Interpretation*", H. Becker, 1952

"One should never speak of "data" -- what is given -- but rather of sublata, that is, of achievements."

Bruno Latour, "Pandora's Hope: An Essay on the Reality of Science Studies", 1999

Un centre commercial veut optimiser la disposition de ses espaces. Parmi les phénomènes pertinents : les trajectoires des personnes. Mais captées comment ?

Par le GPS des téléphones ?	La plupart des apps qui enregistrent la position le font 1 fois par minute ou moins. Ça permet de quantifier les principaux flux de personnes ; mais pas d'observer les hésitations, les difficultés à s'orienter, qui sont des échecs pour la personne comme pour le centre commercial.
Par des balises fixes (*beacons*) ?	Pour enregistrer à haute fréquence, il leur faut alimentation électrique et mémoire de stockage : une grosse logistique.
Par les caméras ?	Pour quantifier les principaux flux, retraiter la vidéo est une usine à gaz ; pour détecter des hésitations, les vidéos sont trop pauvres.
Par des observateurs ?	À condition d'en faire des capteurs : définir quand et où ils seront postés, vers où ils regarderont, ce qu'ils noteront, à quelle fréquence…

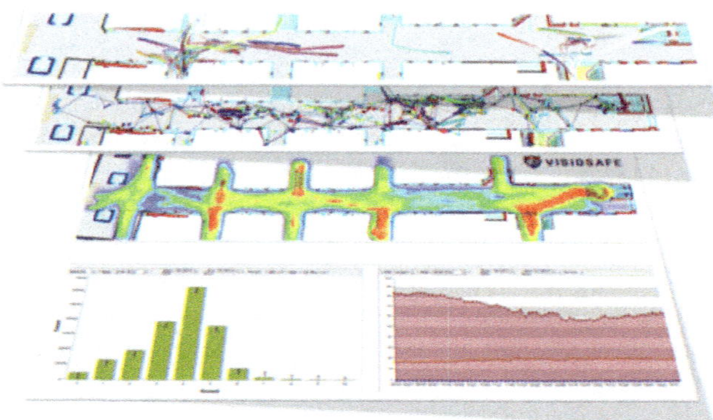

Captation par infrarouge et modélisation des déplacements en gare de Lausanne, avec la start-up VisioSafe

Quand vous accédez à des data, c'est qu'elles ont déjà été collectées ; elles sont déjà marquées par des choix, des processus, qui creusent des écarts entre le phénomène et sa captation : des "biais factuels". Vous aurez souvent besoin de reconstituer ces processus, pour trouver sur quoi les *'data'* sont les plus proches des faits, des *'facta'*.

4. Un 2ème métier vital des data : leur logistique. Les stocker au bon moment, les retrouver au bon endroit

#Stockage #Storage #Journal #Log #LacDeDonnées #DataLake
#EntrepôtDeDonnées #DataWarehouse #IngénierieDesDonnées #DataEngineering

Entre 1990 et 2000, pour un même prix, les ordinateurs ont été capables de calculer 1 000 fois plus vite (en MHz), et de stocker 100 000 fois plus de data (en MO).

Évolution comparée du coût de la capacité de calcul et de stockage. Sources : Matthew Komorowski, Ray Kurzweil. In Bellity, Léonard et Carayol, « L'écosystème du 'déluge de données' »

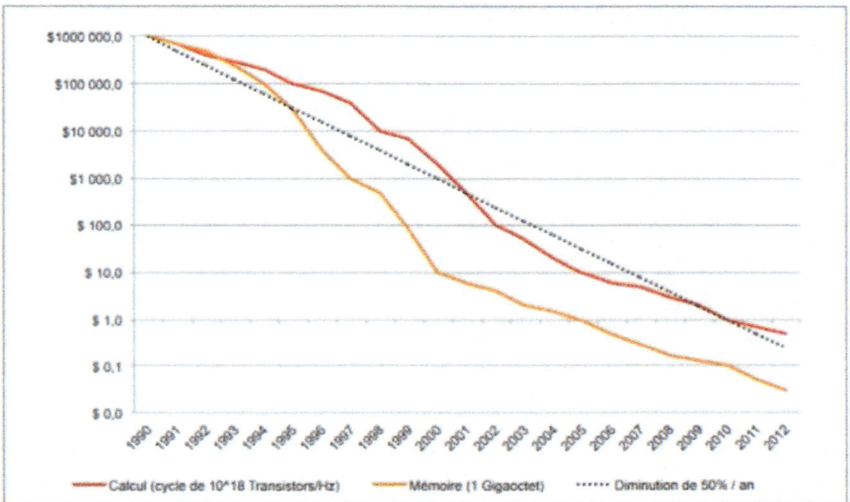

Il est donc devenu plus rentable de stocker que de calculer. Autrement dit, il est devenu rentable de « Stocker d'abord, réfléchir après ».

Vous voyez la révolution pour les data. Et vous voyez le défi.

> *« Aujourd'hui, nous avons des data fondamentalement gratuites et disponibles partout. Ce qui est rare, c'est la capacité à les comprendre et en tirer de la valeur. »*

Hal Varian, économiste en chef chez Google, cité par McKinsey
"*Hal Varian on how the Web challenges managers*", 1/01/2009

C'est facile de tout stocker à la suite quand ça arrive (ce qu'on appelle journal, *log*) : mais comment y retrouver les data qui, après coup, apparaîtraient intéressantes ?

Prenons l'exemple des notes que je donne aux travaux d'étudiant·e·s : si j'en fais juste le *log*, calculer des moyennes va être un travail. Si je les range dans une feuille Excel (un·e personne par ligne, un sujet par colonne), calculer des moyennes sera immédiat. Mais le bel ordre de la feuille Excel va être perturbé si un étudiant arrive en cours de route, s'il faut organiser un rattrapage pour une autre personne, etc.

Ce sont les deux pôles entre lesquels intervient l'ingénierie des données : le stockage au fil de l'eau (**lac de données**), l'organisation du stockage pour en faciliter l'usage (**entrepôt de données**). Deux pôles entre lesquels, depuis les années 90, les révolutions se multiplient !

5. Accéder aux data par la magie de l'indexation ; et pour cela, les indexer

#Index #Accès #Retrieval

Je saisis les notes d'étudiant·e·s dans un tableur : personnes en lignes, devoirs en colonnes.

- Chercher la note de tel étudiant à tel devoir, c'est presque immédiat.
- Mais chercher qui a eu un 16,5, et à quel devoir ?

Comment le faire sans devoir tout lire à la suite ?

Pour que ce soit rapide, il aurait fallu devancer la demande : stocker pour chaque note la liste des paires (étudiant, devoir) ayant cette note, dans un fichier distinct, l'*index*.

Table lignes*colonnes			Index
Étudiant	26/01/22	02/02/22	9,5 : [(Ali, 02/02/22)]
Ali	14,0	9,5	14,0 : [(Ali, 26/01/22), (Maud, 02/02/22)]
Maud	16,5	14,0	16,5 : [(Maud, 26/01/22)]

Et si je saisis un 16,5 pour Jim le 26/01/22, l'ajouter automatiquement à l'index :

Table lignes*colonnes			Index
Étudiant	26/01/22	02/02/22	*La dernière ligne est modifiée :*
complétée par la ligne :			16,5 : [(Maud, 26/01/22), **(Jim, 26/01/22)**]
Jim	16,5		

Cet index est trié par notes croissantes : il est donc rapide à parcourir.

Il prend de la place ; mais de nos jours, la place est bon marché (Cf. point 4).

Le travail d'un moteur de recherche, c'est ça : constituer l'index de tous les mots du monde, par ordre alphabétique, avec en prime 😉 pour chacun, la liste des pages web qui le contiennent.

À la façon des vieux « fichiers » de fiches décrivant des livres dans les bibliothèques.

Une révolution technologique en cours, c'est de rendre trouvables, d'indexer, les images (en mettant des mots sur ce qu'on y voit), les musiques (Shazam), voire toutes les sortes d'enregistrements (de conversation, de compteur électrique).

Ainsi toutes les traces stockées, toutes les data, seront trouvables quand on en aura besoin.

➔ Un autre exemple, l'index de ce livre, dans les dernières pages !

6. Passer des data aux chiffres : les data analytics, c'est juste compter

#Analyse #Analytics #Synthèse #Summary

Ingénieur, j'ai débuté dans des sociétés d'études, à faire des modélisations et simulations, puis des statistiques sur une, deux ou 500 variables.

Puis je me suis inscrit à un cursus de l'ENSAÉ ParisTech, en particulier au cours de Théorie des sondages de Jean-Claude Deville. Et là j'ai appris que la difficulté consiste à compter ; le reste en découle, avec plus ou moins de lignes de calcul.

Compter des individus (indivisibles), qui font des actes eux aussi indivisibles, ça reste facile : le nombre d'étudiant·e·s ayant composé le jour du test, par exemple.

Mais, plus difficile : **que signifie « 10000 entreprises embauchent ? »**

Qui sont les « entreprises » dans cette phrase ? Le coiffeur à domicile est-il une entreprise ? Engie est-elle une entreprise, ou ce groupe compte-t-il pour plusieurs ? La ville d'Argenteuil est-elle une entreprise, zéro, plusieurs ?

Qu'est-ce qu'une « embauche » ? Prendre un jour un intérimaire compte-t-il comme ouvrir une usine de 2000 personnes ?

La mauvaise nouvelle, c'est que compter est un travail difficile, technique.

La bonne nouvelle, c'est qu'**une fois bien défini ce qui doit compter pour 1**, une fois validé le compteur (celui d'une pompe à essence par exemple !), **il n'y a plus qu'à dérouler**.

Les maths nécessaires pour traiter les data ne sont pas bien méchantes ; mais si une pompe mesure en litres et l'autre en kilos, les meilleures maths du monde ne pourront faire le total.

➔ En évoquant ce cours de Théorie des sondages de feu Jean-Claude Deville, je force un peu : la difficulté qui y apparaît est plus large que celle de compter, c'est celle de *totaliser*. Et presque tout le reste de ce qu'on peut vouloir calculer est « fonction de totaux ». Voir plus loin point 23.

7. À qui sert ce qu'on fait des data ? Souvent à des humains : sachons leur parler !

#Indicateur #Indicator #Visualisation #Dataviz

En amont, on a travaillé dur ; capté des phénomènes, stocké des data, puis récupéré, traité, synthétisé ces data en quelques chiffres, comme :

- Le revenu médian à Aubervilliers est inférieur de 40% au revenu médian en Ile-de-France.
- 10000 entreprises embauchent.
- 83% des clients sont satisfaits.

De quoi ces chiffres sont-ils « indicateurs » ? Que signifient-ils pour qui le découvre ?

Un humain ne vit pas dans les chiffres.

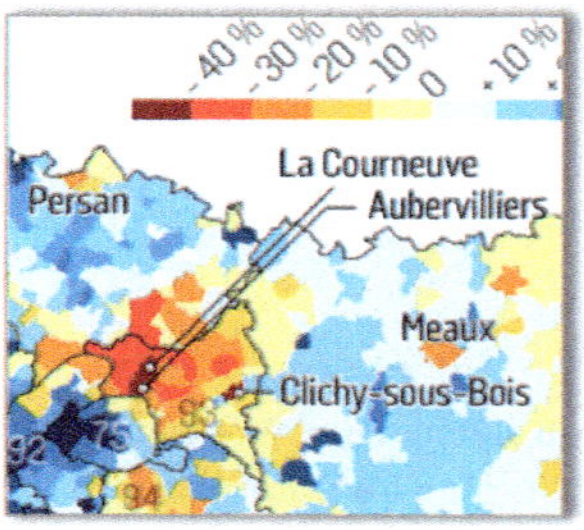

Un humain vit et voit **dans l'espace**.

Sur la carte [4], la particularité d'Aubervilliers éclate : commune parmi les plus pauvres de la région à proximité presque immédiate des quartiers les plus riches.

Un humain se souvient et se projette **dans le temps**.

Si le nombre des « entreprises qui embauchent » est passé de 13 ou 14000 par an à 10000 (avec une même définition des « entreprises » !), le chiffre indique une baisse.

Mais un humain peut aussi retenir quelques chiffres, qui deviennent des **points de référence**. Un adage en matière de satisfaction énonce qu'un taux de satisfaction est égal… à 80%. Alors, si on trouve 83%, est-ce bien ? Sur un grand échantillon représentatif, oui, c'est significativement plus que 80% au point de faire mentir l'adage ! Mais 77%, c'est mauvais.

Bien présenter des résultats, c'est essentiellement les placer dans l'espace, le temps, ou parfois par rapport à d'autres points de référence, pour que des humains puissent les saisir.

La science de l'utilisation des data par les humains, de la *dataviz*, est une science humaine.

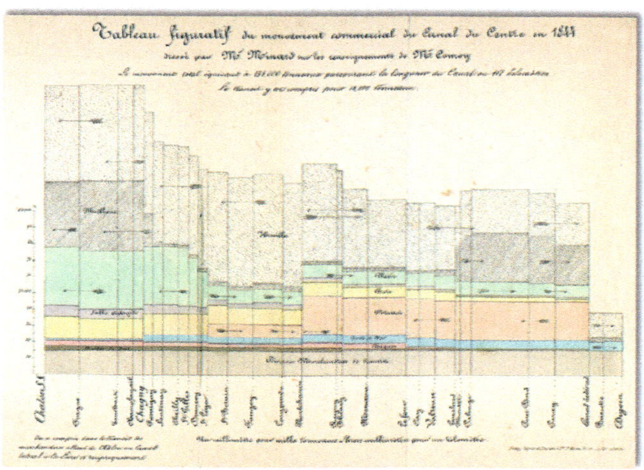

« Tableau figuratif du mouvement commercial du Canal du Centre en 1844 » - Charles-Joseph Minard, décembre 1845

➔ Le taux de satisfaction égal à 80% sera de retour aux points 33 et surtout 36.

---

[4] Extrait d'une infographie du Parisien, 3 juin 2019, basée sur des chiffres de l'IAU-Ile-de-France.

8. Tout au bout du cycle des data… mettre en main des algorithmes

#Algorithme #Algorithm

Les chiffres issus de data collectées, enregistrées, récupérées, prétraitées, synthétisées, peuvent être destinés à des humains : cartes, courbes, tableaux de bord.

Mais le résultat du traitement de data peut aussi être destiné à une machine, donc à des règles qui conduiront à une action différente selon ce qui a été envoyé.

- Au mécanisme de stabilisation d'un Boeing 737 : remettre ou non l'avion en pilotage automatique ?
- À l'unité de contrôle d'un lave-linge : le linge est-il assez propre pour arrêter le cycle de lavage ?
- Aux filtres d'un réseau social : la photo qui vient d'être envoyée contrevient-elle aux conditions d'utilisation ? Faut-il la rejeter ?

> *« Les data elles-mêmes deviennent, souvent en temps réel, les ingrédients de produits.*
>
> *Sur Internet : les recommandations de produits, d'amis, de films ou de musique…*
>
> *Dans la finance : les notes de crédit ou les algorithmes d'achat-vente ».*
>
> Cathy O'Neil et Rachel Schutt, "*Doing Data Science*" (2013)

Dans le débat public, ces règles, qui peuvent être appliquées automatiquement à de grands nombres de cas, en temps quasi-réel, sont souvent appelées **algorithmes**. Le projet européen de législation « sur l'Intelligence Artificielle » porte en fait sur ce genre d'algorithmes.

Certaines de ces règles sont mises au point par des humains (c'est le cas de celle qui reconnecte le pilotage automatique du Boeing). D'autres règles sont apprises par les ordinateurs à partir d'exemples antérieurs : les méthodes que des humains programment pour que la machine apprennent sont une **autre** sorte **d'algorithmes**.

Un algorithme dans le premier sens du terme : celui qui affiche des publications sur votre fil Facebook.

Décrit ici par Jeff Widman sur son site dédié à cet algorithme, edgerank.net (2011).

➔ edgerank.net

➔ Le type de données utilisé dans cet algorithme est appelé « graphe », nous le retrouverons au point 109.

9. En amont de la data science : la science des data

#DataScience #ScienceDesData #AnalyseDeDonnées #DataAnalysis

Si *algorithme* a au moins 2 sens, "*data science*" est un faux ami. En anglais, il signifie "*data based science*", "création de connaissances à partir de data" ; par contraste avec la science expérimentale, ou avec des approches hypothético-déductives.

> *« Le terme 'data science' peut désigner un savoir-faire plutôt qu'une science ».*

Cathy O'Neil et Rachel Schutt, "*Doing data science*" (2013)

C'est presque exactement le sens du terme "*Data Analysis*" défini par John Tukey en 1962 et 1977 : elle "relève plus d'une science [appliquée] que des maths", elle permet de découvrir des hypothèses et pas seulement de les tester une fois formulées.

> *"For a long time I thought I was a statistician, interested in inferences from the particular to the general. But… I have come to feel that my central interest is in data analysis… (that must) take on the characteristics of science rather than those of mathematics… data analysis is intrinsically an empirical science… (In much of it,) the rise of the stored-program electronic computer (is) 'important but not vital'."*

John Tukey, "The Future of Data Analysis" (1962)

Mais cette perspective laisse les data dans l'ombre ! **Data science sans science des données, c'est agriculture sans botanique**, ingénierie sans physique, algorithmique sans ordinateurs.

Dans ces pages, le projecteur est mis sur les data elles-mêmes.

Si vous êtes…	on parle ici des data…	plutôt que
informaticien	valeurs entrées par autrui	… de vos *programmes*
statisticien, data analyst	valeurs portant sur des individus (personnes, produits, etc.)	… des *statistiques* (effectifs, montants de ventes, etc.)
financier (étendez à tout autre métier)	chiffres comptables sur des entreprises	… de la *réalité* économique de ces entreprises

Les data ont leur propre cycle de vie. Le professionnalisme en matière de data demande une vision d'ensemble de ce cycle de vie. En voici un premier aperçu :

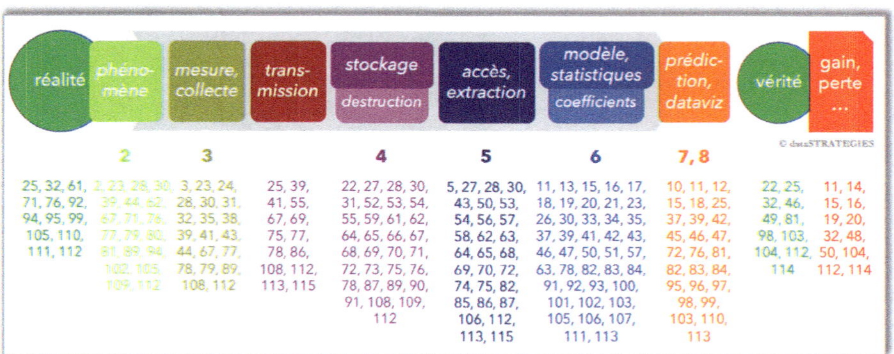

➔ Les numéros sous le schéma sont ceux des points du livre, parmi les 120, où chaque étape du cycle est abordée.

Produire, à partir de data aussi volumineuses que des documents, des prédictions : l'Intelligence Artificielle

Après 9 pages à parcourir vite fait le cycle de vie des data,
en voici 10 pour soulever, vite fait aussi,
le capot de l'apprentissage automatique (*machine learning, ML*) et de l'intelligence artificielle.

Vous pourrez ainsi vérifier par vous-même qu'à toutes les étapes du cycle
(sauf la construction des modèles, des « algorithmes »),
**ce qui arrive aux data, et le contenu du travail à réaliser sur les data,
est identique qu'elles soient traitées par « intelligence artificielle »
ou par de simples totaux.**

Ce chapitre est facultatif : sautez-le si la phrase précédente est évidente pour vous,
ou si l'exposé vous semble compliqué et que vous voulez bien admettre cette conclusion !

10. Le prédictif, c'est deviner + pouvoir savoir si on s'est trompé

#Prédiction #Prediction

La vague de l'apprentissage automatique et de l'intelligence artificielle a fait émerger un vocabulaire nouveau et parfois trompeur. « Je fais du **prédictif** » signifie-t-il « j'ai un temps d'avance », « je rends l'ordinateur capable de prophétiser » ?

Pas forcément.

Prédire consiste à dire, à partir des data, quelque chose qui n'y est pas explicite, ou pas certain.

Exemple : le mot 'science' figure-t-il dans l'image ?

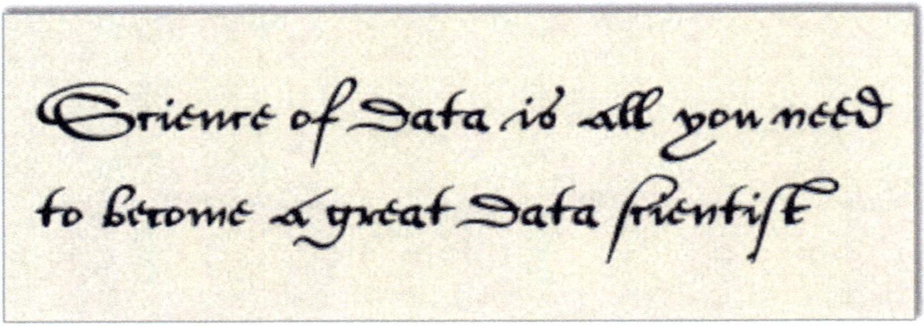

La réponse ne figure pas explicitement dans les pixels de l'image.

Elle a deux valeurs possibles : « oui » (1), et « non » (0). Notons-la v.

Un humain pourra juger que c'est « oui ».

Mais l'ordinateur ? Tout ce qu'il sait faire, c'est des calculs.

Il devra donc faire un calcul qui donnerait toujours comme résultat soit 1 soit 0. Appelons son résultat y.

Le résultat du calcul sera jugé correct par un humain si, pour cette image, le résultat est 1. Si

$$y=v$$

y est une "prédiction" au sens où **le calcul prédit ce que dirait ensuite un correcteur humain**[5].

Il y a aussi des calculs visant à prédire le futur ! Prédire si l'internaute cliquera sur tel lien ; ou prédire le cours de telle action dans une minute. Dans ce cas, plus besoin d'humain pour corriger : il suffit d'enregistrer la suite des événements.

[5] J'utilise ci-dessus, et dans la suite, les lettres v (pour la vérité) et y (pour le résultat du calcul), au lieu des notations habituelles en Statistique (y et $\hat{y}$ respectivement), qui embrouillent pas mal de non-statisticiens !

11. ML IA DL en une seule page !

#IA #AI #ML #DL #Coefficients #Perte #Loss #Gradient

Comment la machine fait-elle pour reconnaître si c'est vous sur une photo ?

Pour deviner une vérité v qui vaut 1 si vous êtes sur la photo, 0 sinon ?

Pour calculer, voyant des data x (la photo), un résultat y, qui ressemblerait à v ?

Voici, en accéléré, la séquence de ce que nous allons regarder sous le capot de la machine dans les points suivants :

12 Le faire automatiquement (**intelligence artificielle**, IA), c'est calculer y selon une formule prédéfinie.

13 La formule doit être construite par des humains ; mais les chiffres qui y figurent, ses **coefficients**, peuvent être trouvés par l'ordinateur (**apprentissage automatique**, *machine learning,* ML).

14 Pour que l'ordinateur puisse le faire, il faut que l'humain lui indique comment chiffrer à quel point sa prédiction "gagne" ou "perd" : une formule de la **perte** (*loss,* L).

15 À partir de là, c'est facile pour l'ordinateur grâce à un truc magique 🧙 : des deux formules de y et de L, on peut déduire une formule qui permet, à chaque arrivée de data, de changer les coefficients pour réduire L sur ces data ; c'est la formule du **gradient** de L.

16 À force de réduire la perte L, on arrive à une valeur des coefficients pour laquelle L est faible, autrement dit, avec laquelle les prédictions seront acceptables. C'est gagné !

17 Au point 13, « la formule pour calculer y doit être construite par des humains »... Mais comment en trouver une bonne ? Une méthode brutale est de construire un gigantesque enchaînement de millions de calculs tout simples (additions, multiplications et « si... alors »), ce qu'on appelle réseau **profond**. Apprendre les coefficients de tous ces calculs est alors appelé **apprentissage profond,** *deep learning* (DL). Avec autant de calculs simples enchaînés, l'ordinateur peut imiter presque n'importe quelle formule... dont une « bonne », que l'humain n'aurait pas su trouver tout seul. L'image ci-dessous suggère les résultats que peut donner ce genre de calcul ultra-flexible.

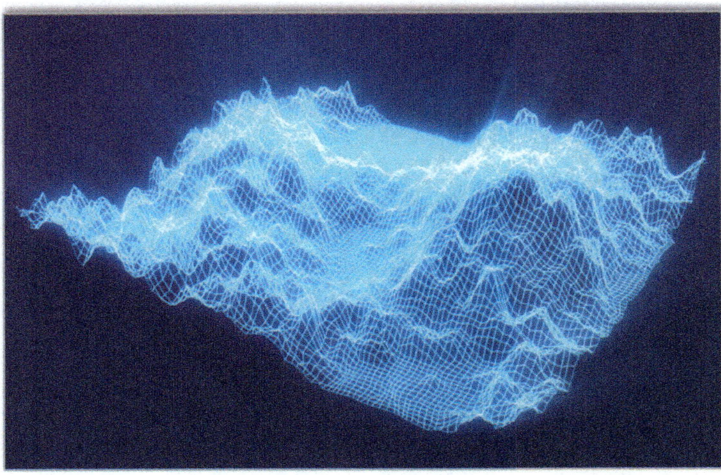

Allons-y !

12. L'IA à l'ancienne, à base de règles, n'est pas si bête !

#IA #AI #Règle #Rule #SystèmeExpert #ExpertSystem #Linéaire #Linear

Un calcul prédictif, face à une situation `x` (une photo), donne une réponse `y` (suis-je ou non sur la photo).

Comme une machine transforme un bœuf `x` en corned-beef **`y`** (🐂 🥫, image page suivante).

Les deux calculs les plus courants sont :

- la **proportionnalité**, appelée « **fonction linéaire** » : si un élève de Terminale consacre `x` heures à travailler les maths, on estime qu'il obtiendra au bac une note `y=0,08 x`.
- le « si… alors » basé sur un seuil ; je l'appellerai « seuillage » : si la température `x` d'un four industriel dépasse `800°`, alors on présume un danger (`y=1`) et on l'arrête d'urgence, sinon on le présume OK (`y=0`).

Combiner « à dire d'expert » des règles aussi simples suffit à créer un **système expert** ; ceci **sans avoir besoin de comparer le résultat du calcul, `y`, à une vérité observable** `v`. Ça vaut mieux, pour calculer l'arrêt d'urgence du four, de ne pas avoir besoin de l'observer explosé !

En 1991, étudiant à l'École des Ponts, j'avais programmé en Prolog un joueur de Risk. L'algorithme :

1• recenser les attaques autorisées,

2• compter selon l'attaque les territoires ennemis frontaliers restants,

3• choisir l'attaque qui réduit ce nombre (entre autres critères).

L'automate, en suivant ces règles que j'avais définies, attaquait en essuie-glace, comme le ferait le joueur rouge sur la photo, en suivant les flèches rouges. Or **moi qui l'avais programmé, je n'avais pas eu cette idée** (car les vraies armées n'attaquent pas ainsi !).

Le programme montrait ainsi son intelligence artificielle.

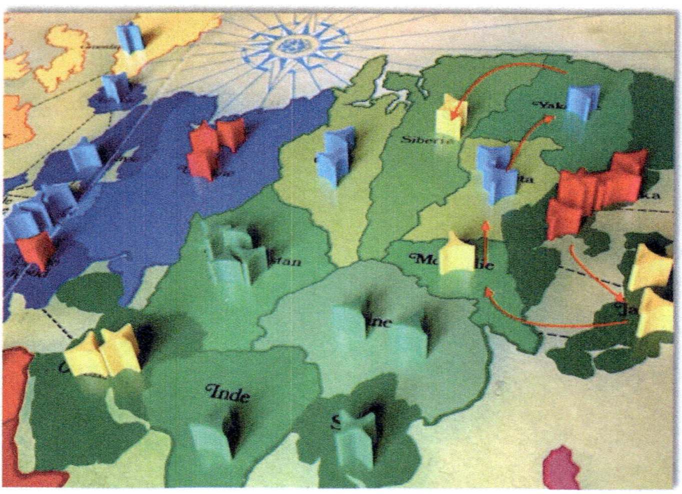

En prenant la photo, je me suis rendu compte que la boîte de Risk® qui prenait la poussière chez moi est celle qui avait servi à ce petit projet étudiant ! Si vous avez de bons yeux : comment étaient codées dans mes data le fait que la Chine est frontalière de la Mongolie ?

➔ Un exemple hélas connu : celui du B737 Max (logique du MCAS et réactivation des stabilisateurs automatiques). P. ex. http://sonicboom.aero/2019/03/16/crashs-des-boeing-b737-max-des-informations-sur-le-mcas/

13. En Apprentissage Automatique, la mission de deviner est répartie entre l'humain, qui construit un modèle, et l'ordinateur qui en règle les coefficients

#ApprentissageAutomatique #MachineLearning

Construire un système d'IA, c'est définir des calculs qui vont tirer de données `x` une conclusion `y` :

```
« Si la température x du four dépasse 800°, alors on présume un danger (y=1),
sinon pas (y=0) »
```

Si l'expert sait que `800°` est un bon seuil, parfait ; et sinon ?

Si on a des data, c'est-à-dire des exemples de fours dont ont été mesurés la température et le véritable état (dangereux ou OK), on peut chercher avec quel seuil la règle se tromperait le moins : dire à l'ordinateur d'apprendre, à partir des data, une bonne valeur du seuil.

Il y a pour ça deux tactiques :

1• apprendre en une fois à partir de toutes les data ;

2• partir d'une valeur quelconque de seuil, et l'améliorer en continu, exemple par exemple.

La tactique 1 était traditionnellement appelée « estimation statistique », la tactique 2 « apprentissage automatique » (*machine learning,* ML). Aujourd'hui on utilise le terme « ML » pour les deux.

Un point commun entre les deux, c'est que l'ordinateur ne choisit que la valeur du seuil, le **coefficient** dans le calcul ; c'est à nous, humains, de construire la formule de calcul :

```
"si la température dépasse un seuil, alors on présume un danger (y=1), sinon
pas (y=0)."
```

Comme des techniciens humains installent une machine, dont, ensuite, des réglages peuvent se faire automatiquement au fil de la production.

Hergé, Tintin en Amérique, édition 1932, p. 102, IA-IB [Le Petit Vingtième n° 33 du 18 août 1932, p. 9]. Repris dans Archives Hergé, Tournai, Casterman, 1973, p. 399. Copyright © Hergé / Moulinsart

14. Pour que la machine apprenne à partir de data, il faut lui dire ce qu'on perd à se tromper

`#ApprentissageAutomatique #MachineLearning #ML #Erreur #Error #Perte #Loss`

Vous avez défini un modèle :

    « si la température du four dépasse un seuil, alors, présumer un danger »

Vous voudriez que l'ordinateur apprenne un bon seuil, à partir de constats passés (data) :

```
600° : OK
500° : OK
850° : état dangereux
950° : OK
```

Que prendre comme seuil ? `800°` ? Ça donnerait une fausse alerte dans le 4ème cas.

`1000°` ? Non-détection de la panne dans le 3ème cas.

Quelle erreur est la plus grave des deux ? Dans lequel des deux cas « perd-on » le plus ? Dites-le à l'ordinateur, et il saura choisir entre `800°` et `1000°`.

Autre situation, autre modèle :

    « si on dépense x € en publicité, prévoir des ventes de y M€ »

Une erreur de prévision de `3 M€` est plus grave qu'une erreur de `1 M€`. Mais entre :

— deux erreurs de `2 M€`,

— une erreur de `3 M€` et une prévision juste ?

Si vous définissez la perte comme **la somme des erreurs**, le 2ème résultat sera préféré.

Mais vous pouvez souhaiter que la prédiction évite surtout les grosses erreurs (donc vous préférez le 1er résultat). Définissez alors la perte comme **la somme des carrés des erreurs** : 4+4 dans le 1er cas, c'est moins (donc mieux) que 9+0 dans le 2ème.

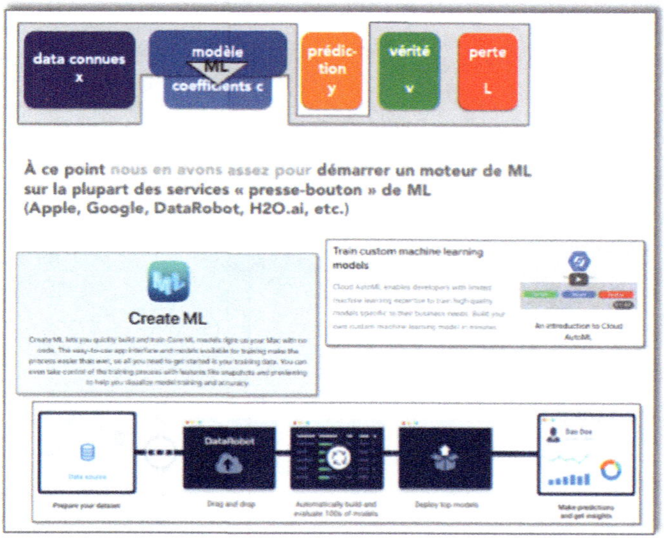

Des data `x` et `v`, et une définition de la perte `L`, c'est tout ce qu'il faut pour faire tourner des plates-formes de ML.

Mais quelle magie leur permet de transformer le calcul de perte `L`, en une amélioration des coefficients d'un modèle ?

15. La magie 🧙 du gradient

#Gradient #Perte #Loss #Linéaire #Linear

Vous voulez prédire à partir de data.	Par exemple prédire un `CA` à partir d'une dépense `A` en Google Ads et `B` sur Facebook.
Vous avez choisi un modèle.	Par exemple, prédire le `CA` proportionnellement aux dépenses (modèle linéaire) : `CA prédit = a * A + b * B`
Vous avez choisi une formule de perte `L`, chiffrant à quel point une erreur de prédiction est grave.	Par exemple, `L` sera simplement la différence entre prédiction '`CA prédit = a * A + b * B`', et réalité `CA réel`.

Mais vous ignorez encore la valeur des coefficients `a` et `b` !

- Vous pouvez essayer au pif ! Disons `a=0, b=0`. Ce qui conduirait à `CA prédit =0` !
- Vous avez un premier cas de campagne avec son `CA réel` :

  `A=2 k€ ; B=6 k€ (donc, CA prédit= 0*2+0*6 = 0 k€) ; CA réel=21 k€.`

`21 k€` au lieu de `0 k€` prédit, ça fait `21 k€` de perte !

Pour la réduire (améliorer le modèle), il faudrait augmenter `a` ou `b`… ou les deux ?

En fait, le mieux 🧙 c'est d'augmenter `b` 3 fois plus que `a`.

`Parce que` un changement de `b` augmente 3 fois plus le `CA prédit` (étant multiplié par `6 k€`) qu'un changement de `a` (qui n'est multiplié que par `2 k€`)

Par exemple, prenez `a=0,1` et `b=0,3` ; ou bien, `a=0,5` et `b=1,5`. Puis, passez au cas suivant.

Le `parce que` ci-dessus peut sembler plus magique que rationnel. Mais essayez vous-même. Imaginez-vous à pied au milieu de collines, perdu. Vous voulez regagner la vallée. Brouillard à couper au couteau. La batterie du téléphone est morte.

Vous sentez la pente ? (Peut-être qu'elle va 3 fois plus vers l'Est que vers le Nord). Faites juste un pas dans le sens de la pente. Et recommencez. C'est gagné !

L'ordinateur, en ML, fait pareil. Il veut réduire la perte `L`, il n'a pas de GPS, **il ne voit rien au-delà de l'endroit où il est** (les valeurs actuelles des coefficients), **mais là où il est, il sent la pente** ; il peut faire un petit pas dans la pente (un petit changement des coefficients).

Cette direction, celle dans laquelle la perte `L` descend le plus vite, s'appelle le **gradient** de `L`.

Si vous avez beaucoup de cas (de data), l'ordinateur peut beaucoup recommencer.

Comme dans cet exemple que j'utilise en cours. Les data sont en haut, les estimations successives des coefficients au fil des data sont en bas : vous les voyez se rapprocher progressivement des « bonnes valeurs » 2 et 3.

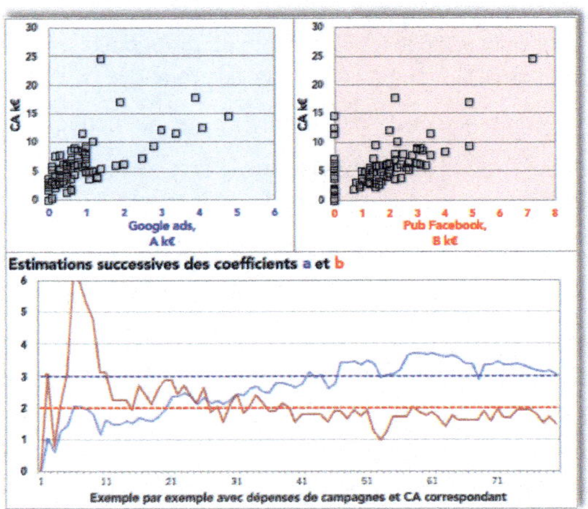

16. La cuisine du taux de correction (*learning rate*)

#TauxDeCorrection #LearningRate

Que vous ayez un modèle linéaire à 2 coefficients (comme au point 15), ou un réseau de neurones à 1000 milliards de coefficients, le gradient indique dans quelles proportions changer ces coefficients à chaque pas (après chaque cas) pour réduire la perte `L`, rendant le modèle plus performant. La formule de cette modification est :

```
changements des coefficients = k fois le gradient de L.
```

Le cycle d'apprentissage est bouclé : l'ordinateur apprend, automatiquement, les coefficients du modèle. Ce sont des calculs simples, on peut les faire sur Excel : c'est le cas de ces graphiques.

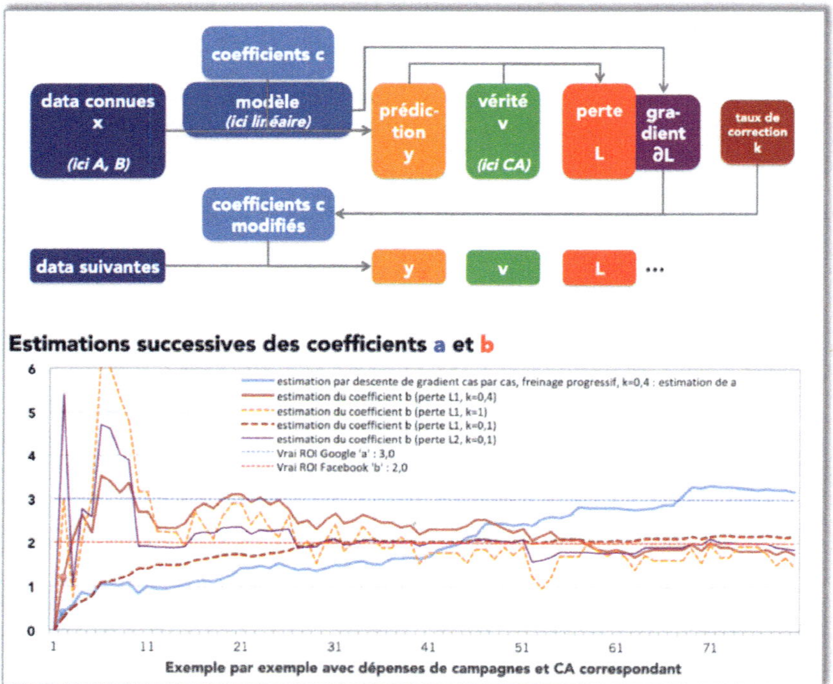

Sauf qu'il y 2 choses que l'humain doit choisir : la formule de `L` (point 14), et la valeur de `k` : qui consiste à dire à l'ordinateur de faire des petits changements (des petit pas) ou des grands.

Le graphique ci-dessus montre ce que donnent quelques variantes.

Avec `k`=0,1, l'apprentissage est lent et, pour le coefficient `b`, la machine semble rester, après ~60 exemples, au-dessus de la vraie valeur 2.

Avec `k`=1, les corrections successives sont brutales, les estimations ne se stabilisent pas.

Choisir une juste dose de `k` (appelé taux de correction ou *learning rate*), c'est de la cuisine !

Pire : il n'y a pas d'échelle intuitive de `k`. La valeur 1 ne signifie rien de spécial. Voyez ce que donne `k`=0,1 (en violet) si la perte `L` est définie comme le carré des erreurs (« L2 » en jargon).

La magie du gradient ne dispense donc pas de cuisine. Mais elle instaure un schéma d'apprentissage (représenté au-dessus des courbes) commun à tant de modèles, tant de types de données, que les data scientists apprennent rapidement à cuisiner !

17. Les réseaux de neurones, ou la souplesse du ReLU

#RéseauDeNeurones #NeuralNetwork #ReLU

Si, au lieu de prédire un chiffre d'affaires, nous voulons compter des étoiles sur une photo du ciel nocturne, un modèle linéaire à 2 variables ne suffira plus.

Compter les étoiles sur une image 1 mégapixel noir et blanc, c'est faire un certain calcul sur 1 million de nombres. Un calcul dont le résultat devrait rester stable si la photo était décalée de quelques pixels, donc si tous les pixels clairs étaient sombres : pas simple !

Voici une méthode (un algorithme) : découper la photo en tout petits morceaux, calculer pour chacun d'entre eux s'il comprend une tache claire, puis compter ces morceaux-là.

Le réseau de cellules nerveuses (neurones) de votre œil, pour analyser la lumière parvenue sur votre rétine, fonctionne comme ça, en plusieurs **couches** de haut en cas dans le schéma :

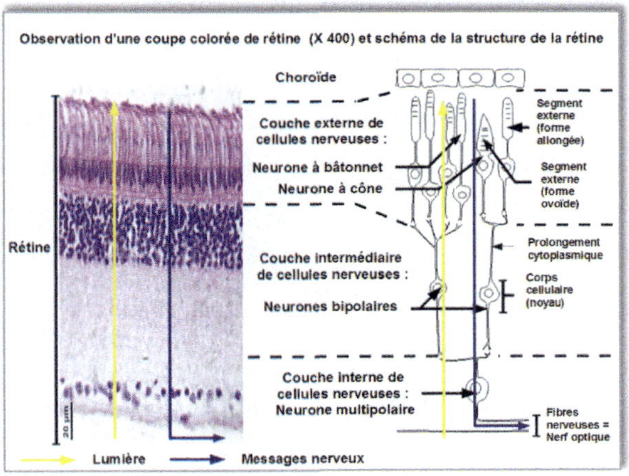

En haut, la 1ère couche de neurones calcule, à partir de l'intensité lumineuse des pixels A, B..., des résultats intermédiaires T, U...

La couche intermédiaire calcule à partir de T, U... un message y.

Par analogie, on appelle « neurone artificiel » un calcul qui utilise les valeurs de quelques pixels, ou des résultats de quelques autres neurones. En général, ce calcul combine :

- une fonction linéaire : U = a * A + b * B ...
- un seuil s : on garde U seulement si U>s, sinon s.

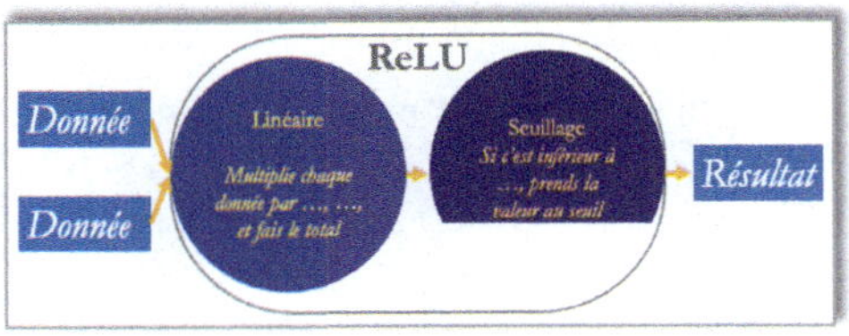

Ce calcul a un nom bizarre, « ReLU » (L = linéaire, Re = rectifié…?!).

Mais il est efficace !

1— Le calcul de U est très rapide une fois les coefficients a, b, s… connus ;

2— Le gradient est très simple aussi : si U>s, c'est celui d'un modèle linéaire (point 15), sinon, U étant constante (valeur s), des changements de a, b… n'affectent pas L : le gradient est 0.

3— Le ReLU est universel : **toute formule** (celle des taches claires dans le ciel nocturne, par exemple !) **peut être imitée par une combinaison de ReLU**[6]**.**

---

[6] « Toute formule »… tant que les valeurs des x ne vont pas « à l'infini », restent dans des limites (en langage mathématique : un domaine compact). Voir sur Wikipedia : « théorème d'approximation universelle ».

18. Comment un réseau de neurones apprend, ou le Retour du Gradient Magique 🧙

#Caractéristique #Feature #Gradient

Comptons les étoiles sur une photo du ciel : coupons-la en morceaux, cherchons sur chacun une tache claire (puis consolidons ces résultats intermédiaires).

Hum ! Comment calculer, sur chaque morceau, « une tache claire » ?

Par une règle définie par un expert en taches, genre « La luminosité moyenne des pixels centraux, moins celle des pixels au pourtour, dépasse un seuil » ?

Dans le temps, c'est comme ça qu'on analysait les images :

1• l'expert définit les formules dont le résultat suggère la présence d'un trait, d'une tache… : autant de **caractéristiques** (*features*) de l'image ;

2• le ML apprend quels coefficients leur appliquer pour distinguer une étoile d'autre chose.

Ça marchait mal, parce que **trouver toutes les caractéristiques utiles défie l'imagination**.

La magie du réseau de neurones, c'est qu'**il apprend les caractéristiques**.

Pour saisir comment, revenons au modèle plus simple d'efficacité publicitaire :

```
CA prédit = Coefficient a * Dépense GoogleAds A + …
```

Si, à un instant donné, le coefficient `a` est de `0,5`, et que la dépense du cas suivant est de `3 k€`,

```
CA prédit = 0,5 * 3 k€ + …
```

Si votre problème (la perte `L`) est la différence en `k€` entre `CA réel` et '`0,5 * 3 k€ + …`', alors :

changer `a` de `0,1`	modifierait `L` de : `0,1 * 3 k€`	`3 k€` est appelé gradient de `L` par rapport à `a`
et aussi, changer `A` de `0,1 k€`	modifierait `L` de : `0,5 * 0,1 k€`	`0,5` est donc le gradient de `L` par rapport à `A`

Ça peut sembler absurde d'imaginer changer `A` de `0,1 k€` : la dépense `A` est connue, c'est `3 k€` !

Mais imaginons que la campagne soit mesurée par des chiffres plus nombreux qu'un unique montant de dépenses ; et que ces chiffres se résument par un indicateur de « puissance » `U` :

```
CA prédit = Coefficient u * Puissance de la campagne GoogleAds U + …
Puissance de la campagne GoogleAds U = Coefficient a * dépense GoogleAds A + …
```

Alors, face à une perte `L` sur la prédiction du `CA`, il est légitime de changer, « d'apprendre »,

- non seulement, à la façon de la 1ère ligne du tableau, le coefficient `u` (proportionnellement au gradient de `L` par rapport à `u`),
- mais aussi, comme dans la 2ème ligne, l'estimation de puissance `U`, puisque `U` n'est plus une donnée brute, mais le résultat d'un modèle qui a pu se tromper.

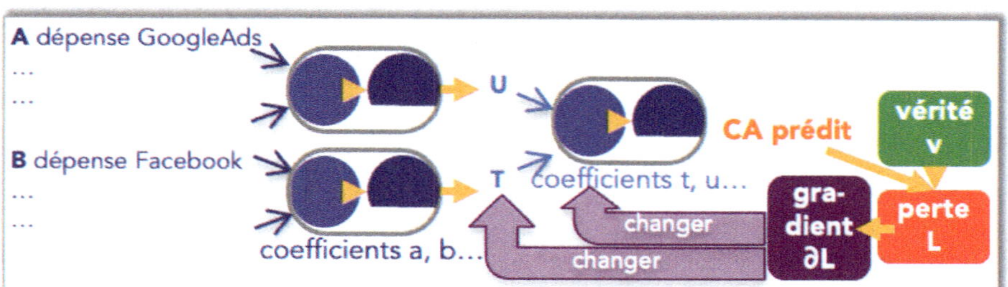

19. La rétropropagation en 6 syllabes, ou la *backprop* en 2

`#Rétropropagation #Backpropagation #Backprop #DérivationEnChaîne #ChainRule`

Un réseau de neurones est un enchaînement de calculs de la gauche vers la droite : partant des data `A, B, C`… sur un cas (les pixels d'une photo du ciel), ils produisent une prédiction `y` (nombre d'étoiles), moyennant le calcul intermédiaire de caractéristiques `T, U`…

Ces calculs sont définis par l'humain (par exemple des ReLU), mais leurs coefficients sont à apprendre automatiquement (*machine learning*).

Partant d'un exemple pour lesquels le résultat (le nombre d'étoiles) est connu, l'ordinateur calcule la perte, son gradient, et corrige ainsi non seulement les coefficients `t, u`… de la prédiction, mais aussi les valeurs des caractéristiques `T, U`… (Cf. point 18).

Petit souci ? Ça crée un écart entre les valeurs de `T, U`… ainsi modifiées, et le résultat de la formule qui les calcule à partir des data :

`« U = a * A + b * B… (mais si a * A + b * B… < s, prendre s) »`

En fait, pas de souci : cet écart peut être considéré comme une erreur d'un modèle, erreur que l'on réduira en modifiant les coefficients `a, b`… proportionnellement au gradient qui va bien.

En pratique, les deux formules :

- celle qui modifierait une caractéristique `U` selon le gradient de `L` par rapport à `U`,
- celle qui modifierait les coefficients `a, b`… pour réduire l'erreur sur `U`,

… se combinent en un seul calcul direct du gradient de `L` par rapport à `a, b`…, selon la « règle de dérivation des fonctions composées » (*chain rule* : l'anglais est plus concis !).

On part donc de la droite, de `L`, dont on utilise le gradient pour corriger les coefficients du modèle jusqu'à arriver à ceux tout à gauche, qui s'appliquent aux data elles-mêmes. C'est la **rétropropagation** (*backpropagation, backprop'*) du gradient de `L`.

Et voilà comment on compte les étoiles, ou on reconnaît un chat.

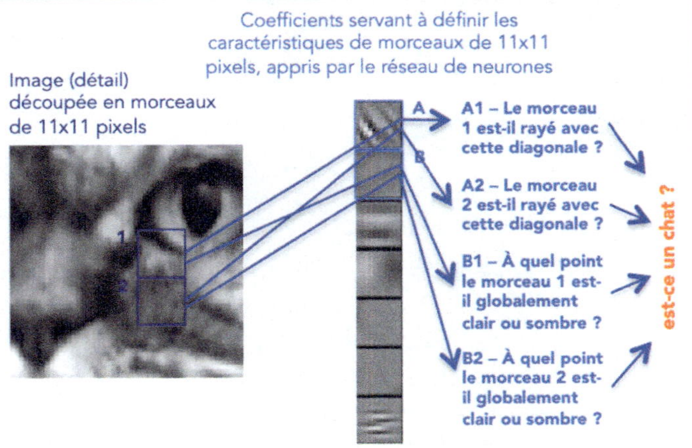

Photo de chat (Nausicaa) sur une échelle à 256 nuances de gris.

Extrait simplifié (passé en gris) de coefficients d'un réseau Alexnet (qui reconnaît des images en couleurs). Source : cours de reconnaissance d'images de l'Université de Stanford, https://cs231n.github.io/understanding-cnn/

20. Apprentissage profond

#ApprentissageProfond #DeepLearning #DL #Couche #Layer

La prédiction y d'un réseau de neurones (combien d'étoiles sur la photo ? ou : est-ce un chat ?) est un calcul, non sur les data x (les pixels A, B…) mais sur des caractéristiques intermédiaires T, U… (la présence de taches, de rayures…), avec des coefficients t, u…

```
y = t * T + u * U…
```

caractéristiques qui elles-mêmes résultent d'un calcul sur les données :

```
U = a * A + b * B…
```

Et la rétropropagation permet de modifier l'ensemble des coefficients, non seulement t, u… mais aussi a, b… proportionnellement au gradient de la perte L par rapport à ces coefficients.

Pourquoi s'arrêter en si bon chemin ? Dans le schéma page précédente, pourquoi calculer directement « si c'est un chat » à partir de la seule présence de quelques motifs à tel ou tel endroit de la photo ? Il vaudrait mieux calculer une 2ème couche intermédiaire de variables. Par exemple une couche qui détecterait si un motif donné, correspondant par exemple à l'œil du chat, se trouve - quelque part - sur la photo.

Un réseau avec au moins 2 couches intermédiaires s'appelle « réseau de neurones profond » (*deep neural network*), et l'apprentissage, en suivant le gradient de L, des valeurs de ses coefficients, est appelé « apprentissage profond » (*deep learning*).

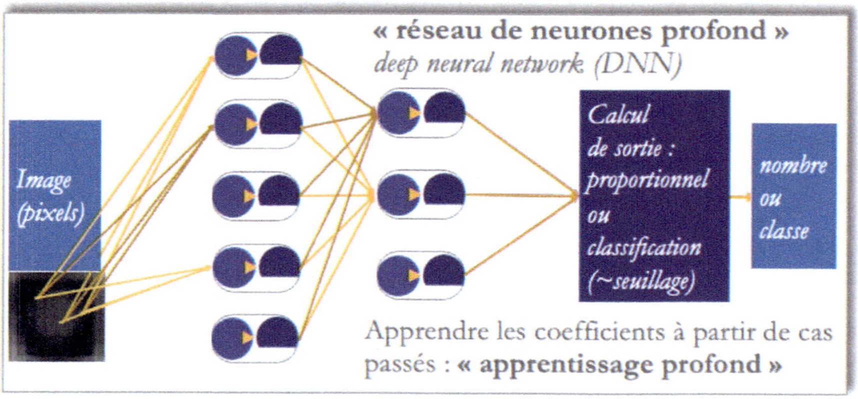

Pourquoi s'arrêter en si bon chemin (bis) ?

Une 3ème couche serait bien utile : ses différents neurones feraient différentes combinaisons des détections précédentes…

Et pourquoi pas des centaines de couches ?… Le calcul est, dans son principe, toujours aussi simple.

Cette approche permet[7] de combiner, dans une architecture unique allant des data brutes au résultat, des calculs de nature différente adaptés à la nature des données et des résultats intermédiaires ; plutôt que de diviser le problème en modèles ajustés un par un. Historiquement, pour reconnaître la parole, on cherchait d'abord à retrouver des phonèmes à partir des sons. Cela fait, à retrouver des morphèmes à partir des phonèmes. Cela fait, à trouver un texte plausible à partir des morphèmes. Aujourd'hui, on reconnaît le texte directement à partir du son.

[7] "*A framework for the cooperation of learning algorithms*", Léon Bottou et Patrick Gallinari, 1990, https://leon.bottou.org/publications/pdf/nips-1990.pdf

21. On récapitule : ML et IA en un GIF animé

Ce chapitre est repris et précisé, du point 10 au point 16 sur le gradient et le taux de correction (*learning rate*), sous forme de GIF animé à l'adresse (LinkedIn) `http://bit.ly/ml-ia`.

Voici ses images de fin !

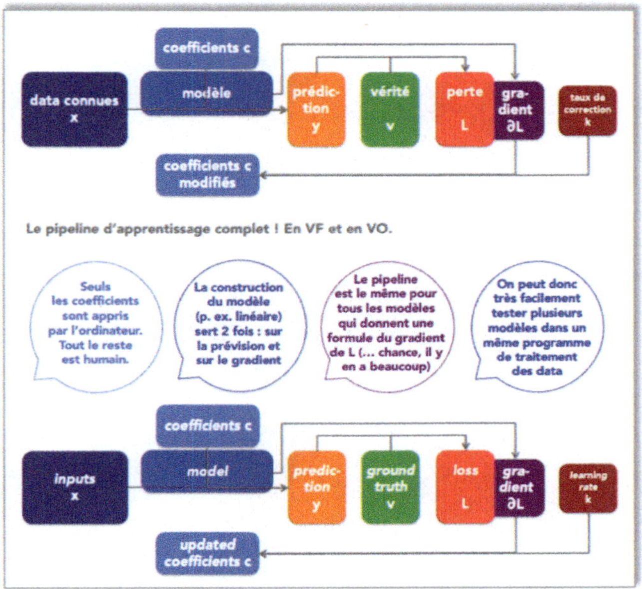

Le pipeline d'apprentissage complet ! En VF et en VO.

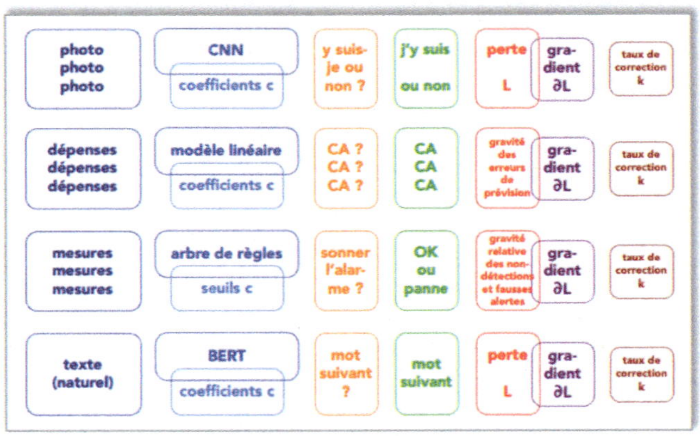

L'apprentissage automatique se limite à améliorer, cas traité par cas traité, les coefficients d'un modèle défini par un humain.

Mais le cadre très standardisé dans lequel il fonctionne facilite l'**innovation**, car les modèles sont faciles à *benchmarker*, et l'**industrialisation**, car les mêmes pipelines de data peuvent resservir.

Ce cadre fonctionne pour une diversité impressionnante de types de data.

Plus encore : comme le langage humain lui aussi fonctionne pour une diversité impressionnante de sujets, des techniques de *deep learning* conçues pour le langage, comme les *Transformers* (GPT, BERT) révolutionnent l'ensemble des usages de la prédiction, jusque dans votre téléphone.

➔ "Deploying Transformers on the Apple Neural Engine", https://machinelearning.apple.com/research/neural-engine-transformers (Juin 2022).

Il nous reste — c'est le gros morceau — à étudier comment les data peuvent retracer des réalités, comment conserver ces traces et les rendre exploitables, et quels résultats peuvent être tirés de cette exploitation.

Coder les phénomènes : les data aussi sont du code

22. La compétence-clé pour un usage efficace de data, c'est la compétence en data

#IA #AI #ML #DL

L'apprentissage profond fascine à juste titre. Depuis qu'a été révélée, en 2012, sa performance en reconnaissance d'images, les applications se multiplient… jusqu'aux *Deep Fakes*.

Ça rappelle le boom du moteur à explosion il y a un siècle !

Et comme un réseau de neurones apprend, en substance, comme tout autre modèle ML (il calcule une « perte » liée à l'écart entre prédiction et vérité, le gradient de cette perte, et il lui applique un taux pour corriger pas à pas ses coefficients), les bonnes méthodes pour régler ce moteur s'enseignent, au point d'être disponibles en boîte noire.

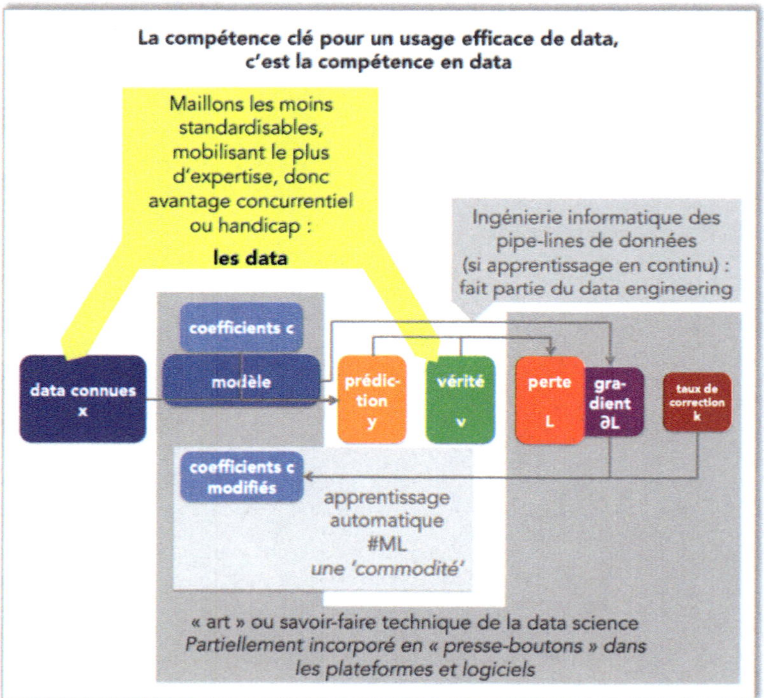

En ce sens, **l'IA est une « commodité »**, indispensable et banale.

La compétence en IA garde-t-elle une valeur marchande, hors de la R&D des leaders mondiaux, Google, Meta, OpenAI ? La plupart de leurs résultats sont en accès libre. Demander une traduction à Google ou DeepL, ou remplacer dans un code informatique `ModeleMachin` par `NeuralNetwork`, ne demandent qu'une compétence modeste et apportent peu d'avantage concurrentiel : les voisins peuvent faire tout pareil.

Alors **l'avantage concurrentiel** d'une organisation, sa capacité à produire plus de valeur à partir de data, réside **dans ses data**.

Les data sont le maillon le moins standardisable, « commoditisé », de la chaîne de valeur : c'est l'élément le plus lié aux réalités spécifiques et changeantes que rencontrent une entreprise et ses clients, une organisation publique et ses usagers.

Vous faites bien d'être là 😉 !

23. Pour décrire des phénomènes, les datifier : la statistique, faux ami et vraie méthode

#Statistique #Statistics

Comment décrire un état des choses ? Le mot statistique nous viendrait de l'italien *statista* « homme d'État » (1633). Comment décrire ce qui arrive à un État ?

Deux grandes méthodes coexistent, que l'on peut appeler "holiste" et "analytique".

Descriptions holistes (visant l'entièreté ; du grec ὅλος, *hólos,* « entier »)	Descriptions analytiques (fractionnant en parties ; du grec ἀναλύω, *analuô,* « délier »)
"Le virus circule". "Le nouveau variant résiste à tel vaccin".	"20 701 cas confirmés". "5 logs de génome viral par litre d'eaux usées".
La description holiste est la plus naturelle pour un humain. C'était au XVIIIème siècle l'école allemande en matière d'études pour l'administration[8]. C'est le genre d'information dont une personne décisionnaire a besoin.	Le divisionnisme permet la statistique moderne et le ML. Il fragmente l'information en "atomes" (les data) relatifs chacun à un "individu" et à une signification ("variable"). C'est le genre de chiffres que produisent les reportings, dashboards, analysts, etc.

Ainsi, une scène vue est fragmentée (analysée) en une grille de pixels, à chacun desquels sont associés 3 nombres R, G, B. Cette étape — diviser — inclut des choix. Que compter pour une rafale, une LivePhoto ?

En quoi diviser le Covid : est-il plus pertinent de compter des virus dans les eaux usées ? de compter des gens touchés ?

> *"La quantification se décompose en deux moments : convenir et mesurer."*
>
> Alain Desrosières, Sandrine Kott, "Quantifier"[9]

Peu de phénomènes sont parfaitement divisibles. Combien de nuages dans ce ciel ?

[8] « Schlözer [1804] résume l'objet d'étude de la statistique [*Statistik*] dans la célèbre formule selon laquelle « *les forces unies agissent* », dans laquelle : les forces représentent les hommes, le pays (« Land »), les produits, la monnaie en circulation ; l'union désigne la constitution, l'organisation de l'État, son régime politique ; l'action renvoie au gouvernement, à l'administration ». Guillaume Garner, « Statistique, géographie et savoirs sur l'espace en Allemagne (1780-1820) », https://doi.org/10.4000/cybergeo.20883

[9] Revue « Genèses », éd. Belin; 2005/1 n° 58, https://doi.org/10.3917/gen.058.0002

24. Les tableurs sont mal faits, il leur manque une ligne !

#Signification #Meaning #Quantité #Quantity #Unité #Unit
#TableRectangulaire #TidyData

J'ai animé de 2010 à 2018 des sessions de formation aux statistiques, pratiquées sur Excel et XLSTAT. Dans cette décennie, la compétence des stagiaires en Excel a bondi : à partir de 2015 environ, tous les participants trouvaient évident d'utiliser une colonne par "variable" ou caractéristique des individus, et une ligne par individu : en évitant donc les lignes blanches, sous-totaux, ce genre d'horreurs.

Une ligne par individu… sauf la première.

Je devais insister lourdement pour le faire admettre.

La première ligne ne contient pas de data individuelles, mais les noms des variables, clés de la signification des valeurs.

	A	B	C	D	E	F
1	*IdMagasin*	*Ventes*	*Température*	*Date*	*DateBis*	*Note*
2	m001	40	40	15/02/21	44242	7
3	m001	26	26	16/02/21	44243	9
4	m002	35	31	15/02/21	=D4	6

On peut lire en colonne les différentes valeurs que prend chaque variable :

`Ventes : 40, 26…`

`Température : 40, 26…`

`Date` et `DateBis` identique `: 44242, 44243…` (`15/02/21` n'est qu'un format d'affichage de la valeur `44242`, qui est un nombre de jours depuis une date « zéro »)

`Note : 7, 9…`

Ce tableau rectangulaire, c'est la forme idéale (*tidy data*) que savent utiliser tous les logiciels statistiques, et de nombreux outils de data science et data analytics. Pourtant, pour utiliser ces valeurs, le nom de la variable ne suffit pas. Il manque une ligne qui dirait le sens de `1` : l'unité.

`Ventes`	`€, k€, $ ?`
`Température`	`°C, °F, °K ?`
`Date et DateBis`	`Jour depuis le 1er janvier 1900, ou 1970 ?`
`Note`	`Points sur 10, ou sur 20 ?`

Comme cette ligne manque, c'est aux utilisateurs humains de ces chiffres de garder au long de la chaîne des data, aussi compliquée soit-elle, le lien entre les chiffres et leurs unités. Qu'ils ne comptent pas trop sur l'IA pour le deviner !

➔ Un commentateur de ce post sur LinkedIn m'apprend (ou me rappelle) que des calculatrices HP ont géré les unités, ainsi la HP Prime : https://www.modes-d-emploi.com/manuals/395397/hp-calculatrice-graphique-hp-prime.html?page=515

➔ Bien entendu, si l'on sort de la « feuille Excel » il y a de nombreux outils informatiques possibles pour stocker l'information sur l'unité, l'afficher à l'utilisateur, etc. ; voir points 26 et 28.

25. "Il y a 3 sortes de mensonges : les mensonges, les satanés mensonges, et les statistiques" : parole d'expert !

#Statistique #Statistic #Moyenne #Average #Biais #Bias

- L'expérience d'aller dans tel restaurant (riche sujet !) est résumée par la moyenne des notes de ⭐ à ⭐⭐⭐⭐⭐ données par quelques dizaines ou centaines de ses clients.

  Un calcul simple, efficace, et parlant grâce à la comparaison qu'il permet entre restaurants.

  Mais à quel point ces anciens clients qui ont noté prédisent-ils l'expérience que je vivrais demain, moi qui ne suis pas forcément le genre de personne à noter les restaurants ?

- Les consommations respectives d'appareils électriques sur un site sont relevées par des prises communicantes, qui les transmettent toutes les 5 minutes à un serveur.

  Il suffit de faire des totaux des mesures, non ?

  Mais pour gérer les difficultés de transmission sans fil, il faut des files d'attente et des ordres de priorité. Par exemple, priorité aux données non nulles, qui en disent plus sur le fonctionnement des appareils. Résultat, un biais : les moyennes seront surévaluées.

Mark Twain, conteur et scientifique, l'a vécu : une simple moyenne peut tromper le data analyst lui-même. Car s'il est facile de faire un calcul, il est plus facile encore de s'arrêter sur son résultat en y trouvant une confirmation de ses a priori.

> *Souvent, les chiffres me trompent, surtout quand je les organise moi-même ; auquel cas la remarque attribuée à Disraeli s'avèrerait souvent juste et profonde : 'Il y a trois sortes de mensonges : ...'*

Mark Twain, "*Chapters from My Autobiography*", 1906

(1897.) In 1897, when we were living in Tedworth Square, London, and I was writing the book called "Following the Equator" my average was eighteen hundred words a day; here in Florence (1904), my average (1904.) seems to be fourteen hundred words per sitting of four or five hours.

I was deducing from the above that I have been slowing down steadily in these thirty-six years, but I perceive that my statistics have a defect: three thousand words in the spring of 1868 when I was working seven or eight or nine hours at a sitting has little or no advantage over the sitting of to-day, covering half the time and producing half the output. Figures often beguile me, particularly when I have the arranging of them myself; in which case the remark attributed to Disraeli would often apply with justice and force:

"There are three kinds of lies: lies, damned lies, and statistics."

➔ Plus sur cette citation célèbre, Twain et les chiffres : http://aaronjfisher.github.io/mark-twain-was-a-stats-fan.html

26. Beautés et finesses des variables quantitatives

`#VariableExtensive #ExtensiveVariable #VariableIntensive #IntensiveVariable #VariableOrdinale #OrdinalVariable #VariableCyclique #CyclicalVariable`

La data science aime bien les data qui se présentent comme des nombres, car ceux-ci se prêtent à beaucoup d'opérations. Judicieuses… ou non 🤨. En voici, en couleurs, quelques-unes.

IdMagasin	*Ventes*	*Temp.*	*Date*	*DateBis*	*Note*	*Heure*	*HeureBis*	*Heure*
m001	40	40	15/02/21	44242	7	23:30	0,979	
m001	26	26	16/02/21	44243	9	23:45	0,990	
m002	35	31	15/02/21	44242	6	00:45	0,031	
								à la main !
	€	*°C*	*jours*	*jours*	*0…10*	*jours*	*jours*	↓
Total	101	97	23/05/63	132727	22	0:00	2	
Moyenne	33,7	32,3	15/02/21	44242,3	7,3	16:00	0,667	0:00
Médiane	35	31	15/02/21	44242	7	23:30	0,979	23:45
Minimum	26	26	15/02/21	44242	6	0:45	0,031	23:30
Maximum	40	40	16/02/21	44243	9	23:45	0,990	0:45
Écart moyen	5,1	5,1	00/01/00	0,4	1,1	10:10	0,4	0:30
Écart type	5,8	5,8	00/01/00	0,5	1,2	10:47	0,4	0:39

- Pour une véritable "quantité", comme les ventes par magasin et par jour, tout va bien.
- Pour les températures des mêmes jours aux mêmes endroits (`40, 26, 31°C`), une opération n'a pas de sens : le total. "`97`" n'est rien, en tout cas pas un nombre de `°C`.

Les sciences physiques distinguent utilement **variables extensives,** c'est-à-dire sommables entre magasins, comme les ventes ; **et variables intensives,** non-sommables entre magasins (mais dont on peut faire des moyennes), comme la température…

…Ou comme la date calendrier. Celle-ci est, par ailleurs, un entier. Mais la moyenne entre les trois dates est un nombre à virgule (`44242,3`), pas vraiment une date calendrier.

La note sur 10 dans une enquête se présente comme un nombre entier mais est considérée comme **variable ordinale,** pas comme quantité, car la différence entre 9 et 10 peut avoir un autre sens que celle entre 2 et 3. Mais en pratique, les opérations applicables aux variables intensives marchent bien pour elle aussi ! Même si la note moyenne (`7,3`) n'est pas un nombre entier, donc pas une valeur possible de la note.

L'heure 🕰 à laquelle l'information remonte est une **variable cyclique :** les résultats des 6 calculs sont tous presque absurdes, et pour obtenir des réponses sensées, j'ai raisonné à la main sans calculer ! Pour faire de vrais calculs sur l'heure, il faut un sacré détour par les maths : la transformer en nombre complexe !

➔ Un post de Soriba Diaby sur le recodage des variables cycliques : https://www.linkedin.com/posts/soriba-diaby_traitement-des-variables-temporelles-astuce-activity-6769316417968848896-KrDR

27. Coder des data ou des lignes de code, c'est différent… ou pas !

#Code #Coder #Coding

« Coder » devenu synonyme de « programmer » : c'est frustrant pour les métiers des data !

Chez nous dans les data, depuis toujours, « coder » c'est utiliser une valeur conventionnelle, souvent un nombre, pour stocker de façon pratique et stable la trace d'un phénomène.

Voici une question sur un GoogleForm :

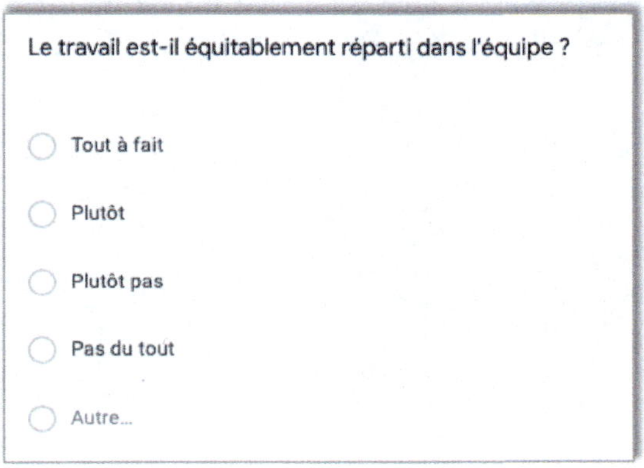
Le travail est-il équitablement réparti dans l'équipe ?

- Tout à fait
- Plutôt
- Plutôt pas
- Pas du tout
- Autre…

Comment stocker les réponses ?

GoogleForms stocke le **texte** lui-même des modalités : "Tout à fait", "Plutôt"…

- S'il faut modifier ce texte en cours de recueil (corriger une coquille…), il stockera des valeurs différentes, pour le même phénomène.

D'autres logiciels stockeront les **rangs** 1, 2, 3, 4.

- Ça résiste à des corrections de coquilles ! Mais si la modification du texte change le sens, le code confondra, à tort, les deux réponses.

Quand le code chiffré est, comme ici, ordonné, il permet de calculer une moyenne, ou des corrélations entre cette question et d'autres variables (salaire, ancienneté…).

- Mais avec ces valeurs, la corrélation avec le salaire sera calculée positive (les valeurs élevées du salaire correspondront aux valeurs élevées de la question) si les personnes à salaires élevés sont les plus critiques. Pour que les calculs de corrélation avec « le travail est-il équitablement réparti… » fassent sens, il faut commencer par retourner l'échelle (« recoder » avec Tout à fait = 4) !

Coder, que ce soit des data ou des programmes demande beaucoup de cohérence interne et de **cohérence externe**, c'est-à-dire d'adéquation entre le code, dans sa sécheresse, et les phénomènes qu'il retrace (data) ou suscite (programmes), dans toute leur richesse.

28. "Je sais pas comment te dire / Ce que je peux pas écrire / Faudrait que j'invente des mots / Qu'existent pas dans le dico"

#Dictionnaire #Dictionary #MétaDonnée #MetaData #ListeDeValeurs #ListOfValues #LoV

Les Inconnus, « C'est toi que je t'aime », chanson dont vient le titre de ce point.

Vous avez collecté ou récupéré des data dans une table rectangulaire standard :

- chaque variable est nommée, en haut de colonne, de façon utilisable par l'ordinateur ;
- chaque ligne enregistre un cas identifié (une personne, un lieu, un instant…) ;
- chaque valeur est codée selon une règle constante pour une même variable.

C'est propre, mais il y manque le mode d'emploi. Le « dictionnaire » des variables. Il ne tient pas dans la table. Ces « données sur les données » (**méta-données**) comprendraient :

- l'unité d'une variable quantitative (Cf. point 24) ;
- une dénomination plus explicite pour les humains que le nom de variable informatique ;
- la liste de valeurs autorisées (*List of Values*, LoV), incluant celles non encore utilisées ;
- le sens de chaque valeur de la LoV ;
- souvent l'imprécision de mesure, pour une variable continue ;
- les cas dans lesquels la variable sera renseignée ou non, ou vaudra 0… ;
- la source et la propriété ; la confidentialité, notamment au sens du RGPD ;
- les changements apportés à tout ce qui précède, avec leur date… Etc.

C'est un sujet actif de développement, le *Metadata Management*, avec de plus en plus d'outils (logiciels Collibra, Informatica, Azure Purview…) mais sans standard à ce jour.

Autrement dit, c'est à la qualité de ses dictionnaires (leur organisation, leur mode de mise à jour…) qu'on reconnaît le bon "data manager".

➔ Une présentation publicitaire mais claire des enjeux du Metadata Management et d'un domaine connexe, le Master Data Management (point 67) : https://www.dataversity.net/metadata-management-vs-master-data-management/

29. *Square pegs in round holes*, ou : faire tenir une variété qualitative dans des boutons radio

#VariableCatégorielle #CategoricalVariable #BoutonRadio #RadioButton #ListeDéroulante #DropDownList #CaseÀCocher #Checkbox #Questionnaire

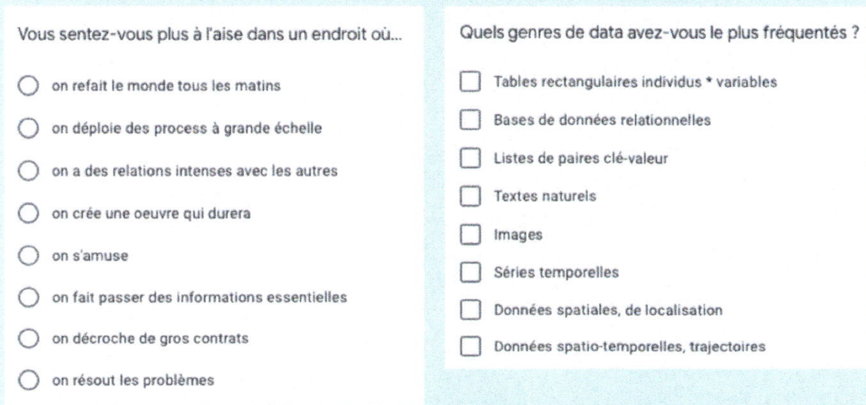

Extraits de la « Grille de data compétences » sur bit.ly/datagrille

Une variable qualitative,

- ○ Soit ne peut prendre qu'une valeur parmi celles autorisées,
- ❐ Soit le même individu peut valider plusieurs réponses.

Le cas 🔘 facilite grandement le stockage (une seule valeur !) et l'utilisation aval : calculer des % dont le total fera 100, dessiner un camembert, visualiser les réponses comme couleurs différentes sur une carte ; si les valeurs sont ordonnées, calculer des corrélations entre variables…

Mais le phénomène est souvent 🔲 ! Même un phénomène aussi traditionnellement 🔘 que le genre ; et ajouter une réponse "non binaire" ne fait que reculer l'obstacle.

Presque toujours, ne cocher aucune des cases 🔘 ou 🔲 aurait du sens — mais comment distinguer ce choix conscient, d'une valeur manquante par distraction ou erreur ?

Quant aux réponses "autres"… elles ne sont pas dans la liste.

Trouver une bonne liste de valeurs exclusives 🔘, qui évite ces problèmes, c'est le bonheur du data scientist.

Mon professeur en cette magie 🧙, devenu depuis chroniqueur gastronomique 🍲, Jean-Bernard Magescas, disait des enquêtes que « 90% du travail est l'écriture du questionnaire ». Si les formulations expriment bien ce que vivent les personnes enquêtées, les simples % de réponses donneront l'essentiel des conclusions.

30. Les *dummies*, briques Lego® de la data science

#VariableBinaire #DummyVariable #Dummy #Pourcentage #Percentage #Checkbox

Dans le tableau rectangulaire « une ligne par individu, une colonne par variable », l'étalage des variables fait bazar : les variables quantitatives sont ou non de vraies quantités, et certaines sont cycliques, comme le numéro de jour de la semaine ; les variables qualitatives autorisent une valeur () ou plusieurs (*checkbox*)… Il faut chercher dans le dictionnaire leur unité, ou les valeurs associées aux codes de réponses… Etc.

Mais tout ce bazar peut se simplifier en 1 brique de Lego® : la variable binaire, en anglais *dummy*, celle qui ne peut valoir que :

- 1, signifiant "vrai",
- ou 0, "faux".

Dans le numéro INSEE, la variable "Sexe" est qualitative avec les modalités 1 = homme, 2 = femme. Le sexe n'est pas une dummy (n'est pas binaire !).

Mais on peut définir une variable binaire "Femme" :

- 1 = femme,
- 0 = pas une femme.

Le total de "Femme" sur un fichier… est le nombre de femmes dans le fichier.

Le total de "Sexe", lui, ne signifie rien.

Les dummies sont quasi-universelles :

- Une image noir et blanc (sans gris), c'est une dummy par pixel.
- On code les checkbox avec une dummy par modalité. S'il y en avait 8, si vous avez coché les 2ème et 3ème, votre réponse est :

  ```
  0;1;1;0;0;0;0;0
  ```

  Long, mais pratique !

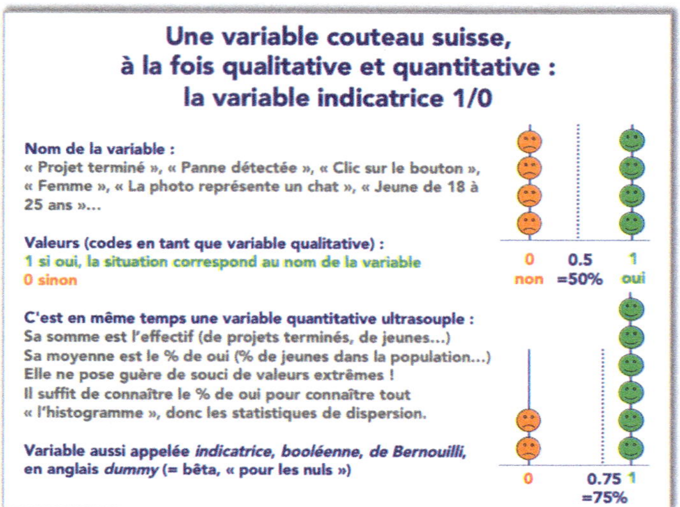

31. L'atelier de codification, employeur n°1 dans les data ?

#Codification #Recodage #Recoding #Indicateur #Indicator #KPI #SMART

Les data scientists adorent les variables binaires (valant 1 dans une situation, 0 sinon).

Et certaines variables sont binaires dès la captation : "l'internaute a cliqué", "êtes-vous majeur·e ?"

Mais plus souvent, les phénomènes captés relèvent de tout le bazar des types possibles, et il faut un retraitement pour en déduire des variables binaires ou catégorielles : "recommander tel produit", "visage reconnu : untel", "la CSP de cette personne est : ouvrier".

Reclasser ce bazar, « post-codifier », fut un métier éminent dans la corporation des enquêtes et recensements. Son chef d'œuvre emblématique est la codification des professions (CSP).

Aujourd'hui, post-codifier reste un gros travail !

- corriger des erreurs d'orthographe,
- reclasser des cas "autres",
- découper une quantité en tranches,
- combiner des mesures partielles en une variable ayant un sens,
- repérer un terme dans un texte…

… bref, constituer des variables "SMART" (*Specific, Meaningful, Agreed, Relevant, suitable for Tracking*) …

Une bonne variable est SMART

- **Spécifique : un atome d'information à la fois**
- **Signifiante *(Meaningful)* : le sens de la paire {variable, valeur} est sans ambiguïté**
- **Acceptable : la variable semble naturelle et est bien accueillie par ceux (répondants, agents, développeurs, utilisateurs...) qui auront à la renseigner ou à l'utiliser. En particulier, l'information doit sembler nouvelle (et non redondante, ce qui inciterait à ne pas la renseigner).**
- **Pertinente *(Relevant)* tout au long du cycle de vie des data. Toutes les valeurs pertinentes pour la variable devraient être autorisées. La signification du nom de la variable doit être cohérente avec la signification de ses valeurs.**
- **mesurable dans le Temps : si la collecte est répétée ultérieurement, des changements dans les valeurs de la même variable devraient avoir un sens, être interprétables.**

… c'est obtenir les "SMART data" qui permettront de calculer de bons indicateurs (*Key Performance Indicators, KPIs*), des dataviz révélatrices ou des modèles IA robustes.

Cela reste un travail d'artisan ; l'outillage reste hétérogène (OpenRefine, NVivo, certaines fonctionnalités dédiées de programmes de traitement : forcats, questionr ou stringr sous R, pandas et numpy en Python, etc.). C'est là — comme dans le data management, point 28 — que se creusent des différences de productivité et de qualité entre deux professionnels des data, entre deux équipes data.

➔ Un bon guide (d'initiation et non *ultimate*) pour constituer et nettoyer des data avec Excel, disponible en ligne, créé par la société Atlan : "The ultimate guide to basic data cleaning" (non daté, sans doute 2021).

Rendre compte de réalités : les facteurs de qualité de la *data supply chain*

32. Le nombre compte, même si on a tout le monde

#Alea #Randomness #Indépendant #Independent #ErreurType #StandardError #MargeDErreur #MarginOfError #IntervalleDeConfiance #ConfidenceInterval

Selon un cliché des années 2010, "les big data mesurant tout", l'aléa d'échantillon (sujet central de la « statistique inférentielle ») deviendrait obsolète.

Eh non !

Sur votre réseau de 100 magasins, 60% ont vu leurs ventes progresser ?

Comprenez plutôt "entre 50 ou 70%" ! Autrement dit, si le mois prochain c'est 51% ou 69%, la performance sera, a priori, inchangée (et même avec 49% ou 71% !).

Car le passé, c'est du passé… Seul le futur nous occupe ! Or, **les data ne portent que sur le passé** ; et pourtant elles n'ont d'intérêt que dans la mesure où **elles sont un échantillon du futur**. La reconnaissance d'un visage marchera si ses caractéristiques, vues sur des photos passées, restent à l'avenir.

Tout résultat basé sur n cas observés est assorti d'un flou, dont l'ampleur est toujours chiffrable : c'est l'**erreur-type** sur ce résultat. Sur 100 magasins, si on a observé 60 progressions, ça fait 60% avec une erreur-type de 5%.

Plus il y a de cas observés (si n augmente), moins il y a d'erreur-type ; plus précisément, elle dépend de $\sqrt{n}$ (si n est multiplié par 4, l'erreur-type est divisée par 2).

À condition que les n cas soient vraiment différents.

Dupliquer les data ne réduit pas l'erreur-type !

- Interpoler une image de 1 mégapixels à 4, n'accroît pas l'information qu'elle porte.
- Mesurer la hauteur d'un fleuve toutes les minutes ? Pourquoi pas toutes les heures ? Même question ouverte dans le graphique ci-dessous : combien de cas y figurent ?

➔ Un critère de valeur des data : le **nombre de cas indépendants tracés** dans ces data.

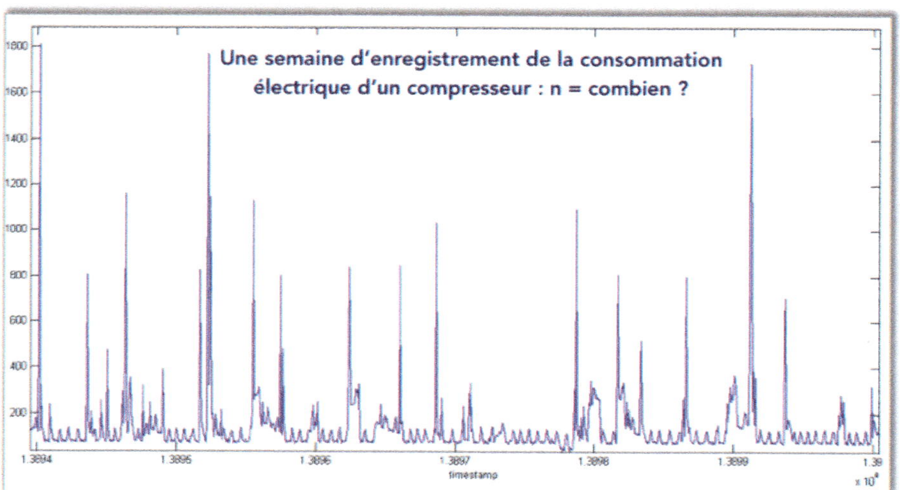

➔ L'erreur-type est l'ordre de grandeur de l'écart entre le résultat calculé sur n cas, et la réalité (la réalité *future si rien ne change*). Certes, l'écart peut être plus faible, ou plus large ; mais la réalité se trouve en général dans un intervalle de ±2 erreurs-type autour du résultat calculé ; ce qu'on appelle marge d'erreur ou intervalle de confiance. Pour une présentation plus complète : https://researchhubs.com/post/ai/data-analysis-and-statistical-inference/confidence-interval.html

33. La taille compte, et complique tout

#Taille #Size #Poids #Weight #Ratio #BusinessIntelligence #BI

La richesse (PIB par tête) est-elle liée à l'espérance de vie ? Ces deux variables se calculent à l'échelle nationale et sur un rythme annuel. Chaque ligne de data est donc un pays donné, une année donnée, ici 1953.

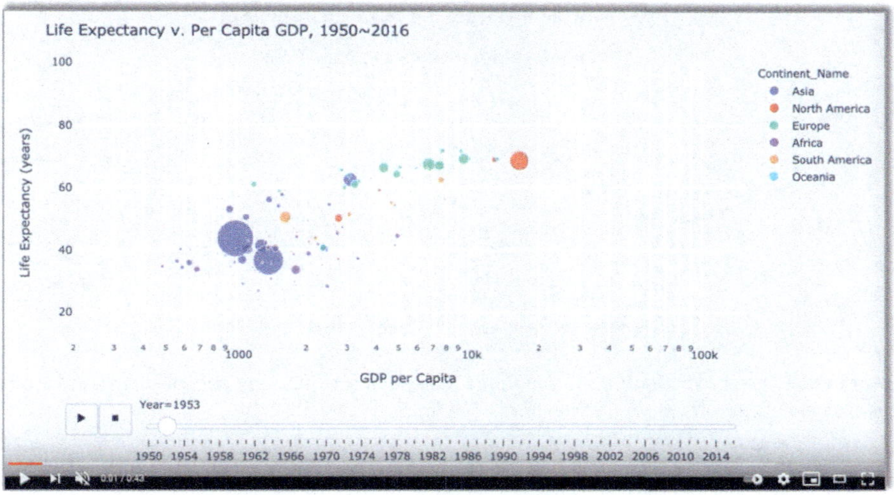

Vidéo de l'espérance de vie et du PIB par tête, pays par pays, depuis 1950 :
https://www.youtube.com/watch?v=abwXFzfcISA

Faut-il tenir plus compte des deux pays qui regroupent le tiers de la population mondiale, que de petits pays ? Les conclusions en dépendront ! En 1953, et tous les ans jusque vers 1970, les conclusions basées sur ces grands pays seraient inverse de celles basées sur les autres.

La même question se pose dans l'analyse de résultats d'affaires, quand deux ou trois régions, ou produits, pèsent l'essentiel.

Autre exemple : que signifie "80% des clients sont satisfaits" ?

- 80% des personnes qui ont déjà fait un achat ?
- 80% des acheteurs un jour donné ? Les clients fréquents pèsent plus dans cette moyenne, que les clients rares.
- Les acheteurs de 80% des ventes ? Ça peut sembler plus pertinent en termes d'affaires… Mais si un seul client fait 80% du CA ?

Tout ce que donnent les data — statistiques, dataviz, modèles — dépend du poids 🏋 attribué à chaque cas. Les élections, où chaque votant compte pour 1, sont l'exception !

La fonction Excel que j'utilise le plus est celle qui permet de combiner des poids (extensifs) et des valeurs intensives, SOMMEPROD.

34. L'utilité d'un modèle dépend de la qualité des data bien plus que de celle du modèle

#Inférence #Inference #Représentativité #Representativeness #Généralisation #Generalization #ValiditéExterne #ExternalValidity #CorrélationFallacieuse #Fallacy #DécalageDesDonnées #DataShift

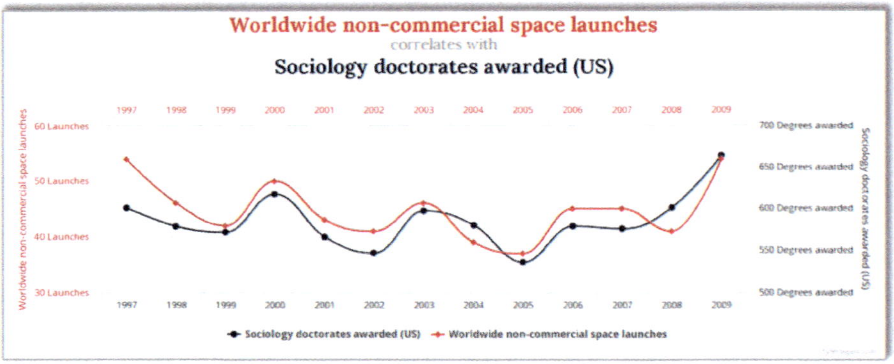

Un modèle prédictif est utile s'il s'applique à d'autres cas que ceux avec lesquels on l'a créé (*inférence, généralisation*). À l'avenir. À l'ailleurs.

— Vous enregistrez en labo des machines à problèmes pour repérer des phénomènes caractéristiques, prédictifs, de chaque problème.

Si vous n'en trouvez pas, aucun modèle ne sera déployé : l'organisation ne risque rien !

Si vous en trouvez, que votre modèle est déployé… mais que, hors labo, ces phénomènes apparaissent sur des machines qui marchent bien… ?

— Vous prédisez des ventes compte tenu de la saisonnalité et du jour de la semaine : qu'est-ce que ça donnera le prochain lundi de Pentecôte, le prochain Aïd el-Fitr ?

Évaluer un modèle demande d'évaluer les écarts possibles (*data shift*) entre cas passés et futurs (ceux que le modèle ignore).

On réduit les risques de *data shift* en collectant, et intégrant au modèle, des data sur le contexte de la mesure, et sur les facteurs possibles du résultat.

"Si je bois de l'alcool, je risque 1,5 fois plus un cancer du poumon" est un modèle prédictif, plutôt efficace.

Mais appliqué à un fumeur, il ment (boire ne change pas son risque) ; à un non-fumeur, aussi.

(Relisez ces deux petits paragraphes jusqu'à bien vous convaincre des deux[10] !)

= La corrélation alcool-cancer du poumon est **fallacieuse**…

… mais un modèle incluant la variable pertinente

```
{tabac, alcool} → cancer du poumon
```

marchera dans toutes ces circonstances.

➔ Une classification des "data shifts" est proposée par https://gsarantitis.wordpress.com/2020/04/16/data-shift-in-machine-learning-what-is-it-and-how-to-detect-it/

---

[10] L'absence de lien causal de l'alcool sur le cancer du poumon est documentée par exemple par https://academic.oup.com/jnci/article/94/24/1877/2906810 ; la corrélation alcool-tabac est documentée pour la France dans https://www.cairn.info/revue-gerontologie-et-societe1-2003-2-page-21.htm

35. La seule qualité d'un échantillon (à part la taille) c'est le hasard

#Échantillonnage #Sampling #Hasard #Randomness #Strate #Strata #Quota

Un échantillon de répondants, un échantillon de test en usine, un corpus de textes classés manuellement pour entraîner un modèle… ou les affaires d'hier, utilisées pour anticiper celles possibles demain…

… donneront **de bons résultats si aucune cause ne fait que tel cas figure dans l'échantillon et pas tel autre**.

Donc si l'échantillon est au hasard.

Ça s'oppose à un "bon sens" qui voudrait tenir compte de critères que l'on connaît : prendre des cas plutôt comme ci, et d'autres plutôt comme ça… Mais qui peut assurer que ces critères seront reproduits par les cas de demain ?

Une légende franco-française prétend qu'un échantillon est "représentatif de la population" si sa composition respecte certains quotas. C'est trompeur. **Les quotas ne servent que s'ils aident à tirer au hasard** : s'ils luttent contre la tendance naturelle à retenir dans l'échantillon les cas les plus faciles à observer[11].

Par exemple, si nous cherchons dans les discussions en ligne différentes perspectives sur le traitement du Covid, fixer des quotas par réseau social, et par terme de recherche, réduira le risque d'étudier seulement des tweets, ou seulement des contenus avec le mot "Covid".

L'échantillonnage dans le temps pose des difficultés plus subtiles encore, puisque faire des mesures régulièrement espacées dans le temps peut fausser (biaiser) les résultats.

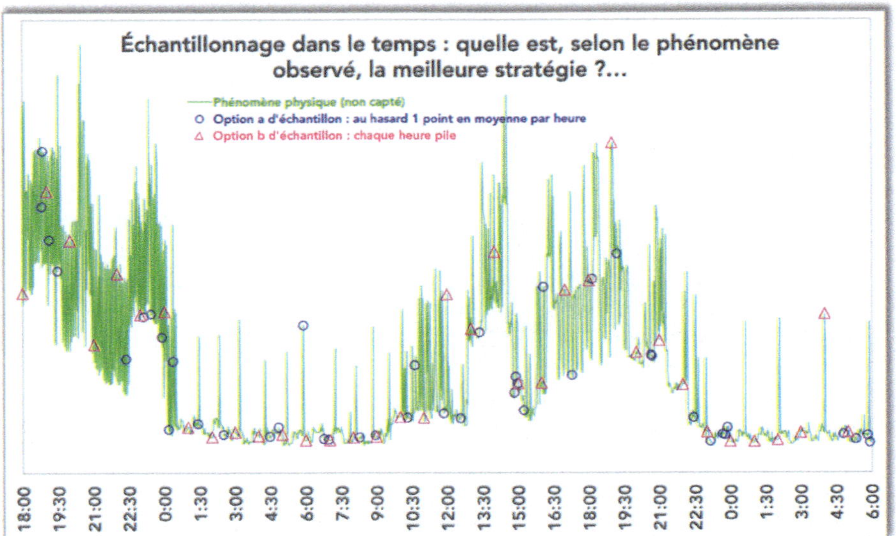

➔ J'évoque ici avec Diouldé Chartier-Beffa le lien entre quotas, redressement, et « biais » algorithmiques imputés aux moteurs de recherche https://www.linkedin.com/pulse/google-essaye-de-mesurer-les-biais-algorithmiques-ses-lefebvre-nar%C3%A9/

[11] Cette présentation des quotas est simplifiée 🙄😆, mais tenable ! Elle correspond à la 2ème approche (fondée sur les probabilités de présence dans l'échantillon) dans Deville (1991), https://www150.statcan.gc.ca/n1/fr/pub/12-001-x/1991002/article/14504-fra.pdf?st=DipGJSPr

36. 61% de satisfaction parmi les utilisateurs, c'est affreux. Comparaison est la seule raison

#Comparaison #Comparison

En 2002, quand le moteur de recherche Altavista a été balayé par Google, Altavista avait 61% de taux de satisfaction selon le baromètre ACSI — mais Google 80%[12].

Benchmarks By Company

Internet Search Engines and Information

	00	01	02	03	04	05	06	07	08	09	10
Google	NM	NM	80	82	82	82	81	78	86	86	80
All Others	67	72	72	78	78	77	78	75	76	78	82
Yahoo! (Verizon Media)	74	73	76	78	78	80	76	79	77	77	76
MSN (Microsoft)	71	67	72	74	75	75	74	75	75	75	75
Bing (Microsoft)	NM	NM	NM	NM	NM	NM	NM	NM	NM	NM	77
AOL (Verizon Media)	56	58	59	65	67	71	74	67	69	70	74
AltaVista	NM	NM	61	63	66	NM	NM	NM	NM	NM	NM

Montage de copies d'écran. Source https://www.theacsi.org/acsi-benchmarks/benchmarks-by-industry

Cet écart signait la mort d'Altavista.

Une personne, en se disant "satisfaite" d'une offre, exprime un état d'esprit qui lui est intérieur : cela dépend plus d'elle que de l'offre. À un moment donné, environ 80% des gens ont la disposition d'esprit qui les conduit à se dire satisfaits. Un taux nettement inférieur à 80% vaut donc alerte rouge !

"*Comparaison n'est pas raison*", selon l'adage, parce que "*les mêmes circonstances ne se rencontrent jamais dans deux objets*"[13]… Mais la chaîne des data vise précisément à créer les conditions d'une comparaison : découper la réalité en cas individuels sur lesquels les mêmes variables seront mesurables.

La possibilité d'extraire de la connaissance à partir des données (data analyse, data science), repose sur la possibilité de **mesurer des différences entre cas sur les variables** : c'est plus que simplement mesurer la valeur de variables.

Une IA pourra prédire qui est sur la photo, si à des personnes différentes correspondent des valeurs différentes mesurées sur les pixels, combinés en caractéristiques ou *features*.

---

[12] Diverses sources donnent des indications sur les parts de marché des moteurs de recherche, dont Wikipedia et https://datahub.io/rufuspollock/search-engine-market-shares.

[13] L'explication du proverbe "comparaison n'est pas raison" est dans Quitard (1842), https://fr.wikisource.org/wiki/Dictionnaire_des_proverbes_(Quitard)/comparaison

37. Une échelle universelle pour mesurer si une caractéristique x aide à prédire une vérité inconnue v : la corrélation r(x, v)

#Correlation #Causalité #Causation

En comparant, entre les photos de deux personnes, les valeurs de certaines caractéristiques x calculées à partir des pixels, on doit pouvoir deviner qui est sur la photo. Si les différences sont suffisantes. Comment quantifier ces différences ?

Si on parle de "95% d'efficacité d'un vaccin" (pour chiffrer une différence entre ce qui arrive à des personnes vaccinées, et à des personnes non vaccinées), c'est 95%… de quoi ?

Il y a des dizaines ou centaines de façons de mesurer des différences sur x associées à celles sur v… selon le type des variables x et v (binaires, quantitatives…).

Mais **1** d'elles, qui fête ses 125 ans, défie toujours la concurrence[14] : la **corrélation** r.

- Si r(x,v)=0, les différences sur x ne disent rien de v.
- La valeur maximale de r, 1 (ou -1), signifie que x permet de prédire v avec certitude.
- Le calcul de r est symétrique : r(x,v)=r(v,x). Cela rappelle que corrélation n'est pas causalité : le cancer du poumon est corrélé au tabagisme, mais ne cause pas le tabagisme.

Comme toute statistique, r, étant calculé sur un nombre limité n de cas, est assorti d'une erreur-type ; si les cas sont indépendants les uns des autres[15], cette erreur-type est $1/\sqrt{n}$.

Une corrélation éloignée de 0 de plus de 2 erreurs-types sera présumée exister dans la réalité, au-delà des n cas. Par exemple, si n=100 cas, une corrélation de plus de 0,2 ou de moins de -0,2 sera présumée exister en vrai : on utilisera volontiers x pour prédire v.

Corrélation avec…						
Magasin_m002	1	0,16	-0,16	-0,50	-0,50	-0,76
Ventes	0,16	1	0,95	-0,94	-0,94	-0,77
Temp.	-0,16	0,95	1	-0,77	-0,77	-0,52
Date	-0,50	-0,94	-0,77	1	1	0,94
DateBis	-0,50	-0,94	-0,77	1	1	0,94
Note	-0,76	-0,77	-0,52	0,94	0,94	1
IdMagasin	***Magasin_m002***	***Ventes***	***Temp.***	***Date***	***DateBis***	***Note***
m001	0	40	40	15/02/21	44242	7
m001	0	26	26	16/02/21	44243	9
m002	1	35	31	15/02/21	44242	6
	*magasin*jour*	*€*	*°C*	*jours*	*jours*	*0…10*
Total	1	101	97	23/05/63	132727	22
Moyenne	33%	33,7	32,3	15/02/21	44242,3	7,3
Médiane	0	35	31	15/02/21	44242	7
Minimum	0	26	26	15/02/21	44242	6
Maximum	1	40	40	16/02/21	44243	9
Écart moyen	0,4	5,1	5,1	00/01/00	0,4	1,1
Écart type	0,5	5,8	5,8	00/01/00	0,5	1,2

➔

[14] L'efficacité du coefficient de corrélation dans les enquêtes est documentée p. ex. par Jean-Philippe Faivre (1999), https://www.eyrolles.com/Entreprise/Livre/concevoir-et-realiser-une-enquete-de-satisfaction-des-clients-9782124755967/

[15] La formule de l'erreur-type (donc de la marge d'erreur / intervalle de confiance) sur le coefficient de corrélation est un peu plus compliquée que le « $1/\sqrt{n}$ » indiqué (et il y a d'autres simplifications dans la page). Cf. https://www.lcsqa.org/system/files/GUIDE_annexe_6_Le_coefficient_correlation.pdf

38. Mémo du chasseur de biais

#Alea #Randomness #Biais #Bias #ErreurType #StandardError

À partir de répondants, on estime le % de clients satisfaits.

À partir de photos, on estime les coefficients d'un modèle de visages.

Dans les deux cas, deux sources d'erreur liées aux data :

a. Le trop faible nombre n de cas observés… Or le résultat dépend d'eux ! C'est l'**aléa**. Heureusement, **son ampleur se calcule : c'est l'erreur-type**, qui dépend de $\sqrt{n}$.

b. Même avec énormément de cas, ils peuvent différer de ceux auxquels nous appliquerions le résultat : c'est le **biais**. **Il peut être immense** : interrogeons 1 million de nos clients actuels… Leur satisfaction peut s'écarter beaucoup de celle des ex-clients partis !

Trois repaires où traquer le biais :

1. **Biais spatial** : si certains cas ont moins de chances d'être dans notre échantillon (ici les ex-clients).
2. **Biais temporel** : si nous mesurons la satisfaction juste après l'achat… ou au contraire, lors d'un appel au SAV… et utilisons le résultat pour estimer la satisfaction de personnes susceptibles de ré-acheter.
3. **Biais factuel** : la mesure sur un cas donné, et un instant donné, diffère de ce que l'on croit mesurer. Même une photo de célébrité ! Les célébrités se font photographier sous leur meilleur profil : une modélisation de leur visage en sera biaisée.

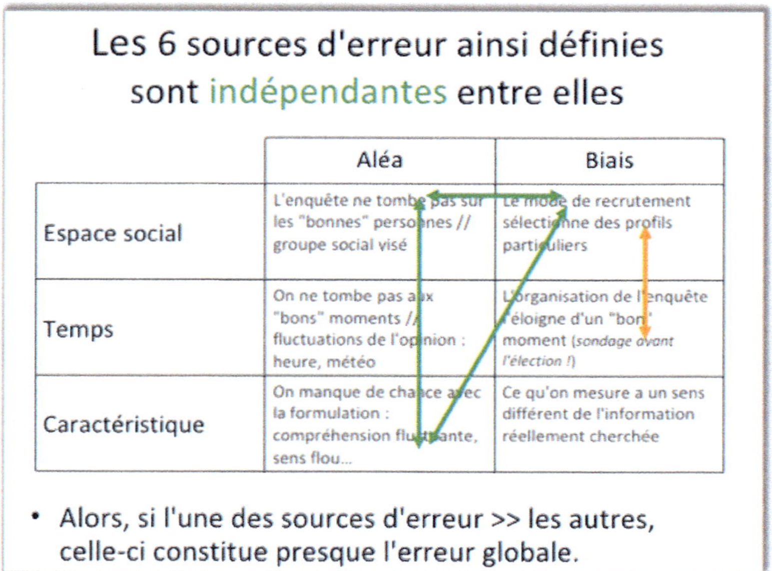
Les 6 sources d'erreur ainsi définies
sont indépendantes entre elles

	Aléa	Biais
Espace social	L'enquête ne tombe pas sur les "bonnes" personnes // groupe social visé	Le mode de recrutement sélectionne des profils particuliers
Temps	On ne tombe pas aux "bons" moments // fluctuations de l'opinion : heure, météo	L'organisation de l'enquête l'éloigne d'un "bon" moment (*sondage avant l'élection !*)
Caractéristique	On manque de chance avec la formulation : compréhension fluctuante, sens flou…	Ce qu'on mesure a un sens différent de l'information réellement cherchée

• Alors, si l'une des sources d'erreur >> les autres, celle-ci constitue presque l'erreur globale.

Extrait de « Une grille d'appréciation des aléas et biais… », présentation à la journée AFM-Syntec 2008, ***https://www.slideshare.net/FredericLefebvreNare/lefebvre-nare-afm170908-presentation***

➔ Une image claire sur le compromis biais-aléa (dit biais-variance) : https://www.linkedin.com/posts/learn-statistics-through-practice-5a31a7b1_bias-variance-tradeoff-and-more-activity-6787781719987748864-DEPf

39. Les data manquantes manquent vraiment

#ValeurManquante #MissingValue #NonRéponse #NonResponse #Imputation

Que toutes les variables pertinentes soient mesurées sur tous les cas pertinents, ce serait étrange et pour tout dire suspect.

Le tableau individus*variables est donc troué.

Une variable quantitative avec un cas manquant… n'est plus quantitative.

Une *dummy*, variable binaire, avec un cas manquant… n'est plus binaire.

	Corrélations				
Ventes	💣	💣	💣	💣	💣
Temp.	💣	💣	💣	💣	💣
Date	💣	💣	💣	💣	💣
DateBis	💣	💣	💣	💣	💣
Note	💣	💣	💣	💣	💣
IdMagasin	***Ventes***	***Temp.***	***Date***	***DateBis***	***Note***
m001	40	40	15/02/21	44242	💣
m001	💣	26	16/02/21	💣	9
m002	35	💣	15/02/21	44242	6
	€	*°C*	*jours*	*jours*	*0…10*
Total	💣	💣	💣	💣	💣
Moyenne	💣	💣	💣	💣	💣
Médiane	💣	💣	💣	💣	💣
Minimum	💣	💣	💣	💣	💣
Maximum	💣	💣	💣	💣	💣
Écart moyen	💣	💣	💣	💣	💣
Écart type	💣	💣	💣	💣	💣

Voici ce que devient le tableau du point 37 s'il manque 4 valeurs
(la Note du magasin m001 le 15/02/21, etc.)

Tout calcul consolidant des valeurs, tout modèle destiné à produire une prédiction y, calent si des valeurs manquent ! Comment n'avoir que des valeurs (renseignées) ? Quatre tactiques :

- **Ne conserver que les cas sans donnée manquante** est facile, mais biaise l'échantillon ; sauf si le "manque" de valeurs est non corrélé à y, ce qui serait étrange.
- La non-réponse à une variable qualitative peut être traitée comme **une modalité de plus**.
- Pour une variable quantitative, **imputer la moyenne à la place de la valeur manquante** a l'avantage de laisser inchangée la moyenne (!), mais réduit la dispersion ; et la moyenne peut être une valeur impossible (ex. : nombre d'enfants : 1,87…).
- Idée étrange mais qui a son efficacité : imputer la valeur de la même variable pour le **cas précédent** du fichier ! C'est a priori une valeur possible, et elle laisse inchangées la moyenne et la dispersion (plus justement, elle ne les modifie que de façon aléatoire).

La moins mauvaise méthode sera celle qui perturbera le moins les résultats à produire[16].

➔ Plus sur l'imputation : https://en.wikipedia.org/wiki/Imputation_(statistics)

➔ Gérer les valeurs manquantes avec R : https://rmisstastic.netlify.app/posts/faq/

➔ Le langage C# distingue deux versions de chaque type de variable, selon que les valeurs manquantes sont autorisées (types *nullable*) ou non. https://docs.microsoft.com/fr-fr/dotnet/csharp/language-reference/builtin-types/nullable-value-types

[16] Il y a plusieurs simplifications dans cette page. Voir la discussion sur https://www.linkedin.com/posts/lefebvre_data-manquantes-imputer-activity-6772970754427424768-eSpP

40. Comment filtrer ☕ sans perdre le goût des data

#Filtre #Filter #ValeurManquante #MissingValue #Parcours #Journey #ArbreDeDécision #DecisionTree

Pour calculer un pourcentage à partir d'une variable, il faut que la variable soit binaire : `Vrai` ou `Faux` ; pour reconnaître un visage, il faut que les pixels aient des valeurs. Si des valeurs manquent, il faut les contourner ou les suppléer, et c'est pénible.

Mais certains manques sont incontournables, car légitimes !

- Ne pas répondre à une question est une chose ; mais si on ne vous l'a pas posée, car elle ne s'appliquait pas à vous… c'est autre chose.
- Ne pas chiffrer le coût d'un accident est un problème ; mais si l'accident n'a pas eu lieu, le coût sera manquant… et c'est autre chose qu'un coût nul.

Ainsi, certaines variables ont un sens seulement dans certaines situations ; on les dit "filtrées". Le filtre est une variable binaire (*dummy*). Il y a eu un accident ? Si c'est `Vrai`, on peut renseigner le coût de l'accident.

Quand le phénomène observé permet de renseigner toutes les variables sur tous les individus (sans rien filtrer), c'est plus commode, notamment si on veut combiner les variables dans des formules qui multiplient les valeurs par des coefficients (scores en marketing, modèles linéaires). Car si une valeur « manquante », comment la multiplier ?

Quand on observe des parcours avec leurs stops, ses bifurcations… comme la navigation sur un site web ou une app, comme une carrière professionnelle, ou selon la forme-type du « voyage héroïque » (schéma), **les filtres sont incontournables.** Et même, si le parcours peut se décrire simplement comme une suite de choix binaires ouvrant la possibilité de faire d'autres choix binaires, toutes les variables sont des filtres.

Heureusement, **les règles qualitatives, comme les arbres de décision** (*decision trees*), **s'accommodent bien des filtres,** puisqu'ils peuvent utiliser la « valeur manquante » comme une autre valeur possible de la même variable.

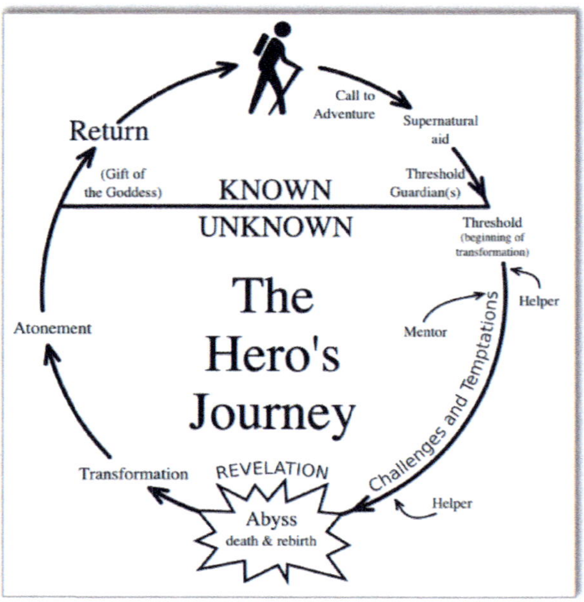

41. Les valeurs aberrantes, avantage concurrentiel de qui les gère

#ValeurAberrante #IncorrectData #CorruptData #Outlier #CauseRacine #RootCause

Vous devez utiliser une valeur : le salaire mensuel du héros. Chance, elle n'est pas manquante. C'est 7,82 €. Malchance, elle est pire que fausse, elle est aberrante au regard de ce qu'on aurait pu ou dû constater dans la réalité.

Autres exemples :

- un nombre négatif pour un montant positif par nature,
- une durée de connection à un jeu égale à des mois,
- une valeur en milliers (de kilos) pour une variable en tonnes,…

Si ça plante le traitement, souci informatique ; si ça ne le plante pas, c'est pire.

> *90% des découvertes faites à partir de data se révèlent des erreurs causées par des aberrations*
>
> Einstein, ou Gandhi, à moins que ce ne soit Churchill

Certaines aberrations se cachent bien :

- une consommation de 400 W de moyenne annuelle dans une maison chauffée à l'électricité est très modérée… mais aberrante.
- parmi des photos, une image de "neige" (pixels aléatoires) est aberrante… Pourtant, elle a des valeurs proches de la moyenne sur tout ensemble de pixels !

Comment ne pas se ruiner à les traiter une par une ?

Simple ou presque : **repérer et traiter leurs causes racines**. Par exemple, un positionnement automatique de virgule qui aurait transformé 782 en 7,82. Sur mes 4 ans en start-up, mes 4 heures les plus rentables ont été passées à caractériser 14 aberrations qui trompaient nos algorithmes d'analyse de données IoT, pour les traiter à l'entrée des données. Problème réglé.

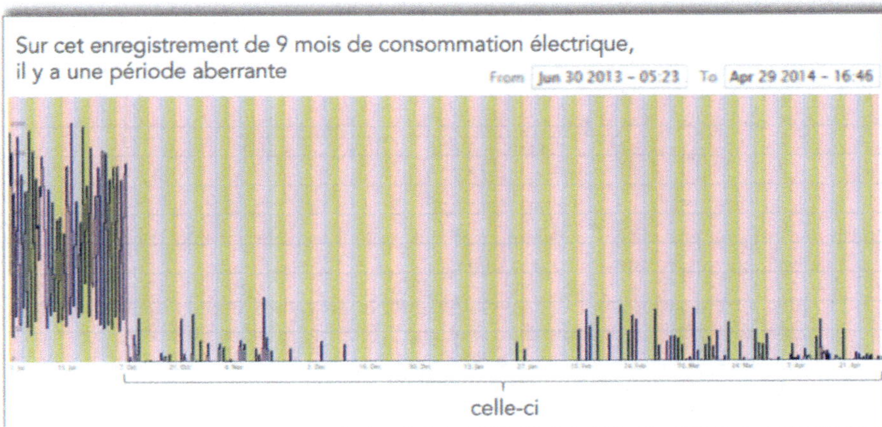

➔ L'idée générale du post se trouve à plein d'endroits du web sous la forme suivante (avec faute d'anglais), dont la source la plus ancienne semble être le site de MTD Media, mai 2018 : https://mtd.media/data-cleansing/

> *"Keep a record and look at trends of where most errors are coming from, as this will make it a lot easier to identify fix the incorrect or corrupt data."*

42. Les valeurs extrêmes (*outliers*) doivent sauter aux yeux !

#ValeurExtrême #Outlier #Robuste #Robust #ÉcartType #StandardDeviation

- Des ventes négatives (dont une grosse annulation) au lieu de positives comme partout ailleurs,
- La connexion 48 heures non stop d'un joueur infatigable,
- Le déphasage entre les lasers de Virgo quand la déformation de l'espace provoquée par une fusion de trous noirs a atteint la Terre…

… La valeur d'une variable peut être très éloignée de celles mesurées d'habitude.

Parfois c'est une aberration, parfois une découverte !

Voici une courbe de mesure physique. Qu'est-ce qui est extrême et devrait être écarté ?

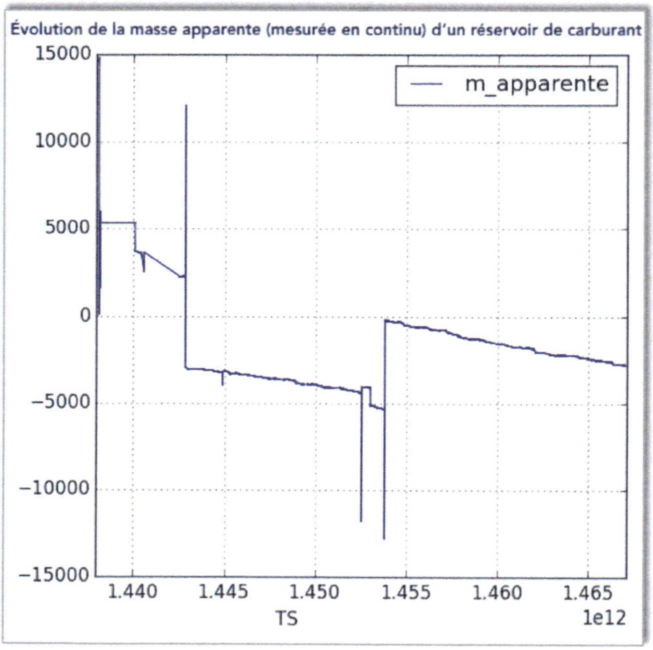

Sur une courbe ou une carte, les valeurs extrêmes sautent souvent aux yeux (voir points 97 et 110) ; sinon, une règle statistique marche bien :

1• **On peut dire extrême une valeur éloignée de la moyenne de plus de 3 écarts-types** (l'écart-type chiffre, comme son nom l'indique, l'ordre de grandeur des écarts entre toutes les valeurs et la moyenne). En effet, dans le cas, qui fait un peu référence, où l'histogramme dessine une "courbe en cloche" (gaussienne), très peu de valeurs (~0,3%) sont aussi éloignées.

2• Si la variable est positive par nature, comme la fréquentation par jour d'un cinéma, on en prend le logarithme, qui entre dans le cas 1.

3• Des variables bornées (comme la luminosité d'un pixel de 0 à 255), a fortiori binaires, ne prendront guère de valeurs extrêmes… mais certaines combinaisons de ces variables, comme le total des pixels, entrent dans le cas 1

43. Éviter, réduire, compenser les valeurs extrêmes

#ValeurExtrême #Outlier #Robuste #Robust

Si une mesure prend une valeur très inhabituelle, ça peut être une information : les alertes intelligentes marchent comme ça.

Mais quand on calcule une moyenne, quand on construit un modèle prédictif, une valeur extrême peut influencer énormément le résultat… alors qu'elle n'a guère de valeur prédictive.

Si aujourd'hui, un seul gros achat double le CA, cela suggère-t-il qu'il doublera demain ?

⏯ Pour les applications basées sur des data, les valeurs extrêmes constituent un risque à "éviter, réduire, compenser" ; comme on traite les risques pour l'environnement (domaine d'où vient cette expression, et son abrégé ERC).

- **Éviter** les valeurs extrêmes en construisant des variables moins susceptibles d'en prendre : limiter des durées de mesure, éviter de diviser par des quantités qui peuvent être très petites…
- **Réduire l'impact** des valeurs extrêmes : les intercepter aussi tôt que possible dans la chaîne ; filtrer les calculs (p. ex., pour un jeu, calculer le score moyen… dans les parties de moins de x minutes) ; choisir des **statistiques ou modèles robustes** (= peu sensibles aux valeurs extrêmes).
- **Compenser** : si on plafonne les valeurs d'une variable, remplacer par le plafond les valeurs écartées comme trop élevées (« winsoriser »).

"Quand les data sont-elles propres ? Quand on arrête de les nettoyer 🤷"

Dicton anonyme

44. Multiplier les mesures, bof ; multiplier les phénomènes mesurés, ça sert

#Indépendance #Independence #Dimensionnalité #Dimensionality #RéductionDimensionnelle #DimensionalityReduction #ACP #PCA

Dans une photo, la valeur d'un pixel de 0 à 255 n'informe guère…	Dans un questionnaire de QI, la réponse à une question révèle peu : on peut tomber juste, ou faux, par hasard…
… la somme des pixels, elle, mesure la luminosité de l'image. La différence entre un groupe de pixels, et ceux qui l'entourent, peut révéler une étoile.	… mais 60 réponses d'une même personne dessinent d'elle un portrait fiable.

Ainsi, la description multivariée d'une réalité en dessine comme un double, dont le sens dépasse celui de chaque variable.

Comment évaluer la richesse de cette description ? Comment la maximiser pour qu'elle ait effectivement un pouvoir prédictif, pour que les modèles qu'elle alimentera marchent ?

Le million de pixels d'une photo… représente moins d'1 million de phénomènes : les pixels voisins se répètent.	On peut évaluer le QI avec 60 questions… et le décrire en moins de 60 dimensions : les questions se recoupent.

Le data professionnel construit une description des réalités dans un double mouvement :

- En aval de l'observation, **plus celle-ci était multivariée, plus il faut la résumer**. Pour ainsi « réduire la sauce », il y a des recettes. L'ACP, aussi universelle que la cuisson à la poêle ; les DNN, plus polyvalents que le Thermomix®…
- En amont, **collecter et assembler une diversité suffisante** d'ingrédients ! Combien de fois ai-je dû dire : "vos questions mesurent trois fois la même chose", ou "parmi les 1000 variables de votre CRM, il y en a 2 utiles" !

La qualité des analyses ou modèles fondés sur des données dépend surtout du fait que dès sa conception, la mesure couvre (ou non) la diversité des phénomènes réels.

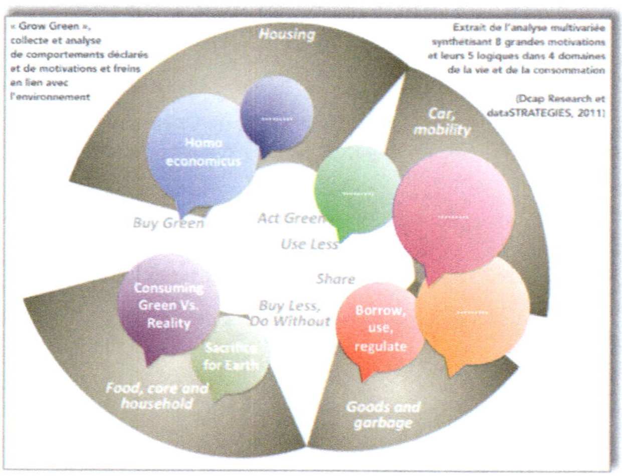

➔ Une revue (de 2007) des techniques de réduction dimensionnelle et de leur performance dans la vraie vie : https://www.researchgate.net/publication/228657549_Dimensionality_Reduction_A_Comparative_Review

Mesurer la performance : les algorithmes font plus, à partir des data, que prédire une valeur

45. L'enjeu de la data science n'est pas de mesurer et traiter des variables : c'est de situer des individus

#Distance #Similarité #Similarity #Classification #ACP #PCA #Mapping

Chaque "donnée" enregistre la valeur d'une variable pour un individu : une note entrée par un client, un pixel d'une photo…

Le commun des mortels se dit : "c'est pour nous cibler", nous **individus** : clients de restaurants, visages sur les photos…

Le professionnel des data se voit plutôt au travail sur les **variables**. Elles sollicitent son talent, car leurs nature, unité, position… diffèrent sur un même fichier, pour les mêmes individus ! Les combiner dans un tableau de bord, ou un modèle multivarié, c'est du grand art.

Je pense plutôt comme le commun des mortels. L'enjeu de la data science est de savoir si "les photos 1 et 2 montrent le même individu" ; si elles sont, en ce sens, proches, similaires. **D'évaluer la distance entre ces photos**.

Ces deux perspectives sont aussi deux façons différentes de résumer les data : réduire le nombre de colonnes (de variables), ou de lignes (de cas).

Des méthodes comme l'ACP résument efficacement les variables ; d'autres comme les classifications (hiérarchiques ou k-means), résument bien les cas.

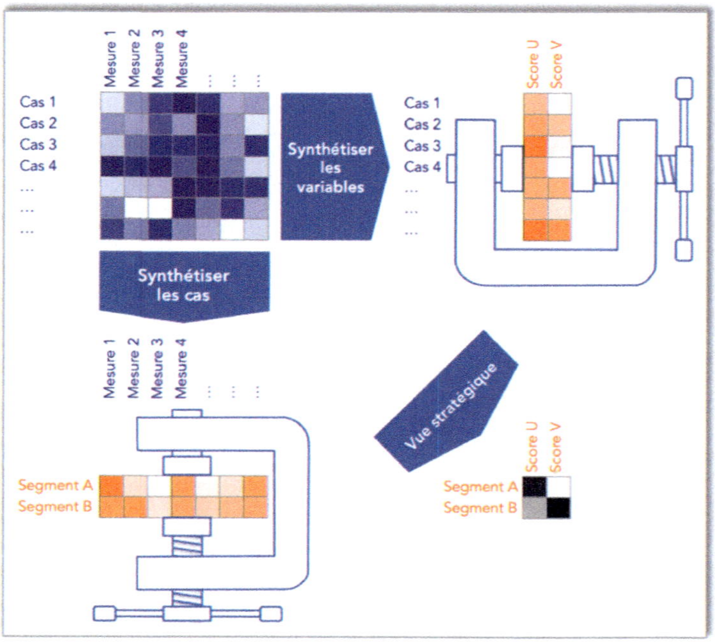

Synthétiser à la fois cas et variables produit des "mappings" ou matrices, utiles à la stratégie, mais peu aux opérations, puisque cas réels comme variables mesurées en ont disparu.

➔ La perspective de ce point doit beaucoup à la conférence de Léon Bottou au LIP6 - Laboratoire d'Informatique Sorbonne Université/CNRS (2018) dont la vidéo et les transparents sont accessibles ici : https://www.lip6.fr/colloquium/?guest=Bottou ; mais la symétrie approximative entre résumer des individus et résumer des variables est un grand classique de l'analyse de données ; particulièrement bien compris et présenté dans l'interface du logiciel XLSTAT 🎩.

46. Apprentissage « supervisé » Vs. « non supervisé »

#ApprentissageSupervisé #SupervisedLearning
#ApprentissageNonSupervisé #UnsupervisedLearning #Perte #Loss

— On veut utiliser nos data avec l'IA.

— OK, pour prédire quoi ?

— On sait pas trop, à vous de voir.

— OK 😎.

• Reconnaître des objets sur les photos,

• Traduire des textes écrits,

• Sous-titrer la parole, reconnaître la musique,

• Résoudre des problèmes mathématiques compliqués…

… l'IA actuelle y réussit brillamment.

Dans ces applications, **on sait exactement ce qu'on veut prédire**, et on peut

1. calculer l'écart entre les prédictions et les bonnes réponses,
2. corriger les coefficients du modèle de prédiction pour minimiser la gravité de cet écart (la perte),
1. recommencer.

Mais quand on veut prédire deux choses ou plus ?

• le temps de parcours *et* l'emplacement des bouchons…

• le niveau du fleuve *et* la force du courant…

• le risque d'accident *et* le coût de cet accident…

Ça se complique, car **un modèle ne peut pas être optimal sur deux critères à la fois**. Et si on fait, pour les 2 prédictions, 2 modèles distincts, leurs résultats seront souvent incohérents (un temps de parcours long sans aucun bouchon…).

Une perspective alternative est de "chercher à quoi ressemble" un cas nouveau, parmi les cas possibles connus, plutôt que de calculer une variable y précise[17].

Cela se rapproche de **l'analyse exploratoire des données :** un domaine en pleine révolution sous l'effet de l'abondance des data… et en fermentation, pour ce qui est des algorithmes.

[17] Cette présentation simplifiée est discutable et discutée, voir sur
https://www.linkedin.com/posts/lefebvre_data-ia-perte-activity-6776428576255328256-4My5

47. Prédire, c'est bien. Expliquer quelles data ont prédit, c'est mieux

#Influence #Parcimonie #Parcimony #RasoirDOckham #OccamsRazor

Quand on prédit avec des data… le clic ou non sur une pub, la personne sur la photo, les ventes d'un magasin le lendemain…

… il suffit, pour chiffrer la justesse des prédictions, de les comparer aux vraies valeurs une fois connues.

L'évaluation de la justesse de la prédiction est donc indépendante des data utilisées pour prédire (quelles données de navigation ? quels pixels ? quelles ventes antérieures ?).

Dommage ! dirait un économètre ou un statisticien.

1 : ça a un intérêt opérationnel de savoir si le résultat est influencé par telle variable actionnable (telle recommandation à l'écran…). Et un intérêt pour la gestion des data : maximiser la qualité des variables influentes, quitte à renoncer aux autres.

2 : à justesse apparente égale, un modèle qui s'appuie sur moins de variables marchera souvent mieux quand il sera ensuite utilisé sur d'autres cas. La parcimonie consistant à abandonner les variables d'influence douteuse est dite « rasoir d'Ockham ».

Cette parcimonie, vantée par les statisticiens traditionnels, est jugée inutile voire contre-productive par beaucoup de praticiens du ML (plus confiants dans la justesse apparente évaluée sur les cas déjà connus). Mais **l'abondance de variables n'empêche pas de chiffrer l'influence de chacune,** et de chaque cas. Les réseaux de neurones profonds le permettent aussi : leur « opacité » prétendue est plutôt une surabondance d'information ! Voici un des nombreux chiffrages possibles de l'influence des pixels sur une reconnaissance d'image.

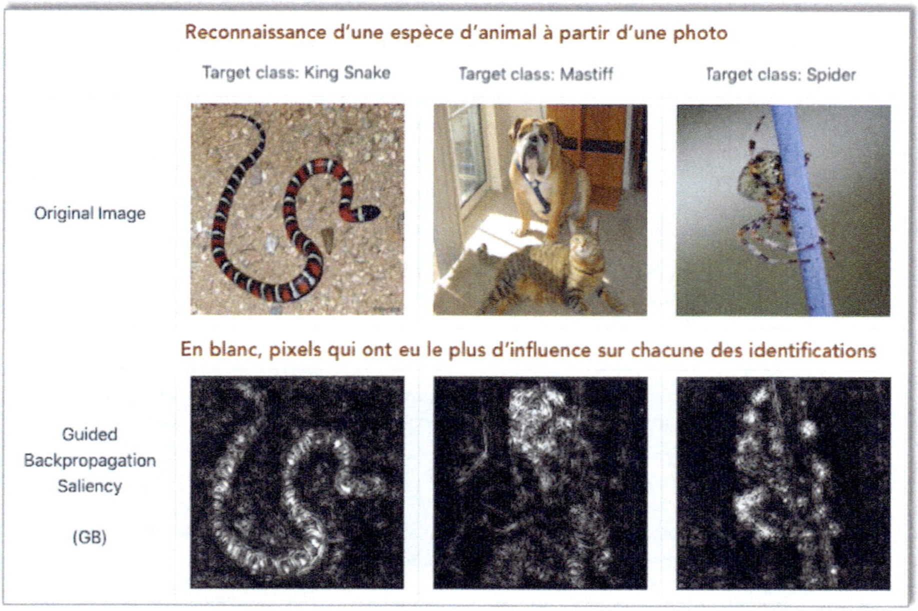

➔ Sur la page source de l'image https://github.com/utkuozbulak/pytorch-cnn-visualizations#gradient-visualization, le texte compare les résultats de différentes méthodes.

48. Quand une prédiction affiche une précision de 90%, à combien de % y croire ?

#Précision #Accuracy #AUC #R2

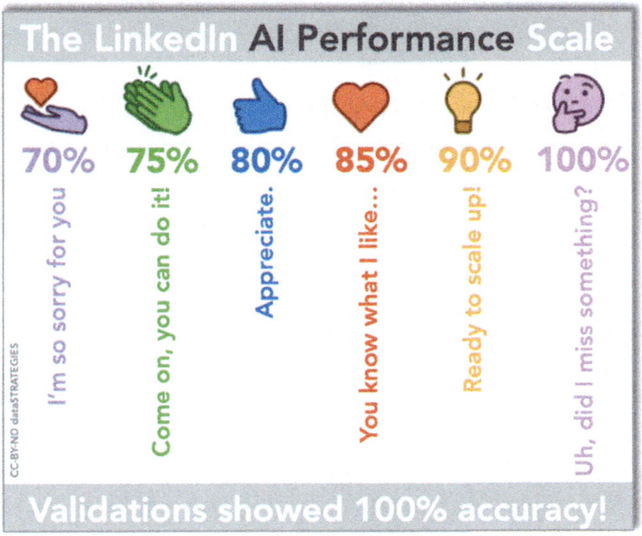

Les % de précision affichés par les vendeurs d'IA parlent souvent plus de leur démarche commerciale que de leur performance !

Leur affection pour un chiffre aussi intuitif se comprend. Une prédiction "à 90% juste" signifie — c'est bien la définition de la "précision" (*accuracy*) — qu'elle tombe juste 90% des fois, et « pas juste » 10% des fois.

Bon. Évaluons la précision de l'alarme débranchée d'une centrale nucléaire. 99,999…%.

Débrancher l'alarme est pourtant une mauvaise idée, n'est-ce pas ?

La « précision » n'a donc a priori aucun sens. Elle peut en trouver un dans des conditions de comparaison précises, ex. : "Lançons une pièce au hasard et photographions-la : dans quel % des lancers chaque modèle de reconnaissance d'image trouve-t-il si c'est pile ou face ?"

Un autre indicateur de performance en prédiction peut être la **corrélation** entre prédiction et réalité (point 37) ; son carré, le R^2, vaut aussi 100% si la prédiction est parfaite. Mais à partir de quel % trouvera-t-on la prédiction satisfaisante ? Il n'y a pas de valeur intuitive, et en fait un seuil éventuel dépend énormément du type de données, ou de conditions de comparaison.

Bonne nouvelle : **il existe une mesure fiable, quasi-universelle, de la performance d'un modèle prédictif** : l'AUC. Elle vaut 1 pour une prédiction parfaite… et 0,5 pour le modèle consistant à prédire au hasard. Son défaut : trop compliquée pour devenir populaire 🤷.

- ➔ L'intérêt de l'AUC est de cumuler en un chiffre l'objectif d'éviter les faux positifs (spécificité) et celui d'éviter les faux négatifs (sensibilité). Elle est bien expliquée dans le cours de Machine Learning de Google (et la page est bien traduite) : https://developers.google.com/machine-learning/crash-course/classification/roc-and-auc?hl=fr
- ➔ Une autre explication dans le cours de ML de Stanford : https://stanford.edu/~shervine/l/fr/teaching/cs-229/pense-bete-machine-learning-petites-astuces
- ➔ Un autre indicateur combine spécificité et sensibilité, le F1-score, qui gagne en popularité par rapport à l'AUC (peut-être parce que plus simple à comprendre) : https://en.wikipedia.org/wiki/F-score

49. Prédire une quantité ou une classification : du pareil au même

#Régression #Regression #RégressionLogistique #LogisticRegression #Perte #Loss #RéseauDeNeurones #NeuralNetwork

- Le client en ligne dépensera-t-il au moins 50€ ? Votre batterie tiendra-t-elle jusqu'à destination ? Ce genre de prédiction peut tomber juste !

  Hélas, **il n'y a guère d'algorithme pour tomber juste.**

- Combien dépensera le client ? Combien durera la batterie ?

  En prédisant une quantité (ce qui s'appelle, bizarrement, une **régression**[18]), **on tombera rarement juste !** On attend plutôt du modèle qu'il tombe "près" des vraies valeurs : qu'il minimise ses erreurs.

  C'est moins fun mais porteur, car **il y a des algorithmes pour minimiser les erreurs**.

Le schisme peut s'arranger : régression et classification se ressemblent beaucoup ! "Estimer combien le client dépensera" prédit, du même coup, si ce sera plus de 50€.

Pour reconnaître une image, une régression logistique ou un réseau de neurones font ça :

1. ils calculent des scores de "chatitude", de "tigritude", etc.,
2. **ils "perdent beaucoup" si c'est un chat alors que le score de "chatitude" était très faible**, ou inversement,
3. ils corrigent leurs coefficients pour réduire cette perte.

Pour chiffrer une maladie, aussi, on jongle entre variables quantitatives (échelle de gravité de la maladie, charge virale) et binaires (être testé positif, être guéri).

D'où ce mini quiz sur le vaccin anti-Covid !

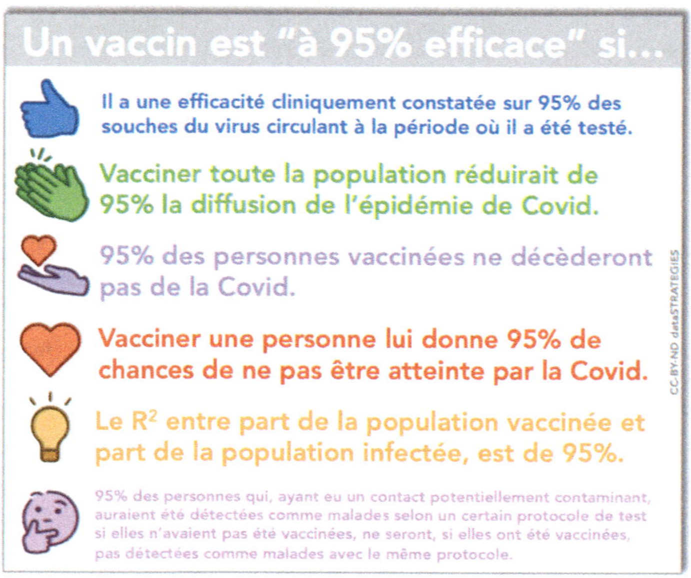

[18] Sur l'origine du nom "régression" (une sorte de quiproquo), https://blog.minitab.com/en/statistics-and-quality-data-analysis/so-why-is-it-called-regression-anyway

50. 💯% de précision, c'est possible (et c'est grave)

#Validation #Entraînement #Training #Parcimonie #Parcimony #PseudoId #Architecture

Pour prédire une variable `v`, on pourrait construire une variable explicative `G` basée des regroupements de la seule variable `id` (ou numéro de ligne) :

- Regroupons dans une classe `G0` les cas (lignes) pour lesquels `v=0` ;
- dans `G1` les cas pour lesquels `v=1` ; etc.

L'appartenance à l'un des groupes permet alors de prédire exactement `v` sur 100% de ces cas ! 💯% de précision !

L'ordinateur a brillamment appris par cœur quel individu a quel résultat.

Souci 1 : ce modèle n'aura aucune efficacité sur des nouveaux cas, des `id`s autres. Donc, ce modèle n'a aucune valeur. Ce que nous voudrions, c'est que le modèle trouve dans les data d'entraînement, et utilise, des propriétés présentes dans le reste du monde.

Souci 2 : c'est pourtant ce modèle « par cœur » qui minimise l'erreur sur les cas connus ! Donc **tout algorithme cherchera à faire ça, s'il peut utiliser l'`id`.**

Et si on lui cache l'`id` ? Il combinera plusieurs variables pour créer une « Pseudo Id » unique. Facile ? Oui. S'il dispose par exemple de vos paramètres de navigation internet, sans aucune donnée personnelle, ceux-ci vous identifient de façon unique (c'est mon cas, sur Mac/Safari).

Montage de copies d'écran du site de l'EFF https://coveryourtracks.eff.org

Moralité 1 : un modèle utilisant beaucoup de variables ne peut être évalué que sur des « **data de validation** » différentes de celles, « d'entraînement », qui ont servi à fixer les coefficients.

Moralité 2 : l'humain doit soit limiter le modèle à peu de variables (« parcimonie »), soit cadrer la façon dont l'ordinateur les combinera (« architecture ») pour lui interdire le « par cœur ».

➔ Sur le besoin d'un échantillon de validation indépendant de celui d'entraînement (sujet essentiel et difficile en IoT, séries temporelles, géodata…), et sur la différence entre validation et test, d'excellents schémas dans le cours de ML de Stanford : https://stanford.edu/~shervine/l/fr/teaching/cs-229/pense-bete-machine-learning-petites-astuces#model-selection

51. Repérer si une variable contribue vraiment à une prédiction, c'est compliqué en ML. Mais ça sert !

`#T #ErreurType #StandardError #Significativité #Significance`

Une variable mesurée contribue à une prédiction si, en l'ignorant ou en lui donnant une valeur différente (contrefactuelle), on changerait la prédiction. Simple en principe 🤔 … Mais ré-estimer tout le modèle pour chaque changement possible d'une valeur, c'est lourd !

Il y a plus simple pour les modèles qui, comme la régression linéaire (sur Excel), utilisent des scores où chaque valeur de variable est multipliée par un coefficient :

```
… + a * ConsoTabac + … ➡ CancerPoumon
```

Si `ConsoTabac` n'aide pas à prédire `CancerPoumon`, le calcul estimant le coefficient `a` à partir des data doit trouver une valeur proche de 0…

… à une erreur-type près, que le calcul fournit aussi 🙏

Si l'estimation de `a` est bien plus grande que son erreur-type (si leur ratio, appelé `T`, est grand), on induira que `ConsoTabac` aide effectivement à prédire `CancerPoumon` ; on dira que `a` est « significatif ».

Ça se complique si plusieurs scores utilisent la même variable (et sont recombinés ensuite), comme dans un réseau de neurones. Apprécier l'apport d'une variable demande des calculs plus lourds (voir point 47), mais qui restent utiles : chaque retrait de variable rend ce modèle plus léger, plus robuste, et c'est moins de collecte et de nettoyage à faire !

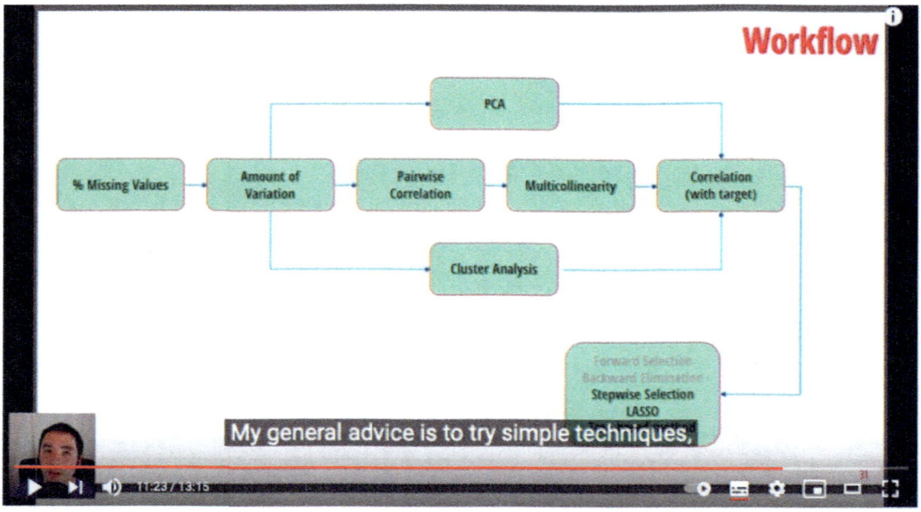

How do I select features for Machine Learning?

Vidéo Data School sur https://www.youtube.com/watch?v=YaKMeAlHgqQ

➔ La bonne réponse à la question du point 49 est la 6ème, mais la 1ère n'est pas mauvaise non plus : voyez-vous comment passer de la 6ème à la 1ère ? (indice : le point 6 peut servir).

Organiser physiquement des data : l'autre moitié de l'informatique

52. La moitié de l'informatique ne relève pas de la programmation

#Informatique #ComputerScience #Agencement #Wrangling

Dans ces pages sur les data, je vous invite à prendre leur point de vue à elles, comme on peut s'intéresser à l'agriculture du point de vue des plantes.

Les data analytics, la data science, le data stewardship, présentent à des utilisateurs des graphiques, des prédictions, des données individuelles… qui ne sortent pas de nulle part !

Elles ont été produites par tout un processus de collecte, stockage, nettoyage et agencement, mobilisant des outils informatiques mais pouvant inclure beaucoup d'interventions humaines.

Connaître l'informatique, est-ce seulement "savoir programmer" ?

Si informatique signifie "automatisation du traitement de l'information par ordinateur", **l'information compte autant que le traitement** !

Si la *computer science* est "*the study of computers and how they can be used*"[19], les ordinateurs ne contiennent pas que des programmes : ils contiennent aussi (et surtout, en volume) des data.

Dans les pages suivantes, **nous allons essayer de faire rentrer les data dans les ordinateurs** ; trouver moyennant quelles contraintes ou astuces elles peuvent y retracer un peu du monde réel.

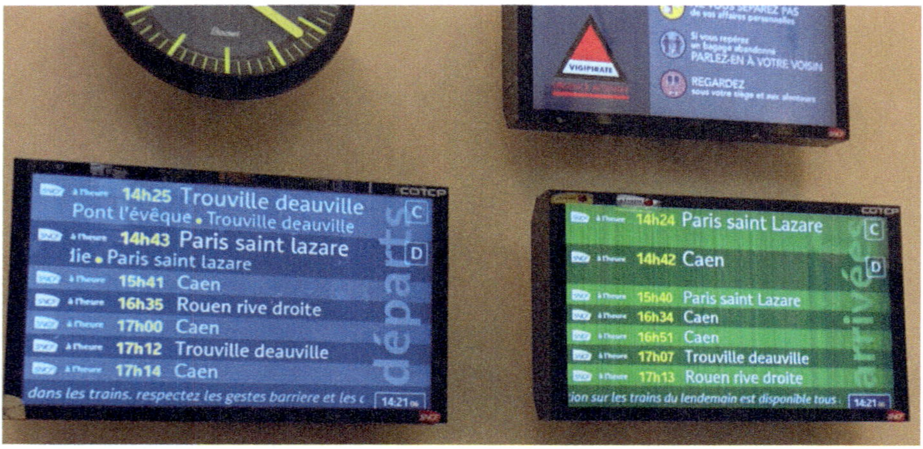

Qu'est-ce qui est étrange dans les data de la SNCF, à en juger par ces écrans présentant, en gare de Lisieux, des trains au départ (fond bleu) et à l'arrivée (vert) ? (16 février 2021)

[19] Les deux définitions dans le post ont été collectées au 25 novembre 2019 sur :
informatique http://mapage.noos.fr/laurent.pierre/outils1/definition_informatique (fichier .doc)
computer science : https://dictionary.cambridge.org/fr/dictionnaire/anglais/computer-science

53. Type de data Vs. Type de variables : crunch 🏉 plus que crush 🥰

#Type

Les outils, plateformes ou langages informatiques interprètent les valeurs que prend une variable selon le `type` attribué à celle-ci : `nombre réel, entier, chaîne de caractères…`

• Si `0` est un `caractère` et que `+` concatène des `caractères`, **`0 + 0 = 00`** ;

• Si `0` est un `nombre` et que `+` additionne des `nombres`, **`0 + 0 = 0`**.

Les data collectées ont aussi leurs types (Cf. points 26 à 30 *supra*).

Faire correspondre un type de variable informatique à un type de data collectées pourrait sembler naturel ? C'est parfois difficile !

— On collecte une date ? Pour Excel ou Google Forms, c'est un nombre (celui des jours écoulés depuis une date de référence) ; seul son format d'affichage le distingue.

— On collecte un nombre ? Excel a ce type ; pas Google Forms ! (alors même qu'il stocke les dates comme nombres !).

— On collecte une réponse `VRAI/FAUX` ? Pareil : Excel a un type pour ça ; pas Google Forms.

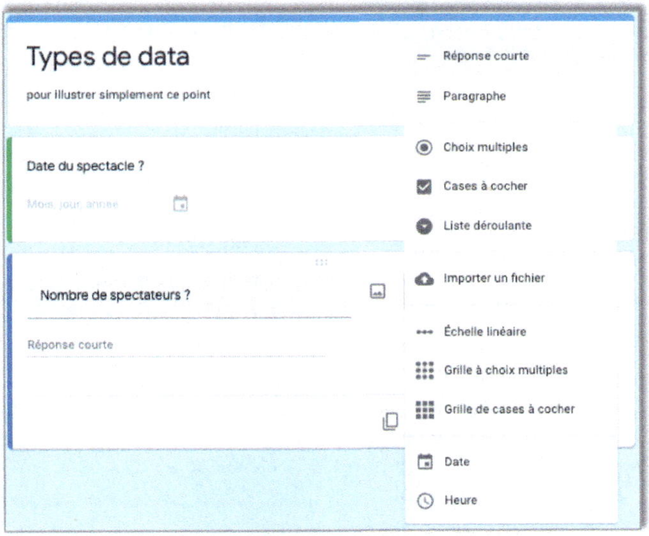

Ainsi, quand vous voulez (comme data engineer, data analyst, data scientist, data manager…) spécifier comment collecter, puis utiliser, les valeurs d'une variable donnée, et comment le faire, vous ne pouvez pas vous reposer seulement sur son type informatique. Vous devez spécifier ce process :

- par de la programmation d'interface, comme le petit calendrier pour saisir une date (même si ce n'est informatiquement qu'un nombre entier positif) ;
- dans la programmation des transformations et calculs sur la variable ;
- dans la documentation, notamment pour éviter que soient créées par d'autres des opérations erronées sur cette variable.

54. Rangeons nos data : en lignes ou en colonnes ?

#BusinessIntelligence #BI #NoSQL #Orientation

Capturer des data (des valeurs) n'est que la première étape pour les "enregistrer". Il faut ensuite les mettre quelque part en sachant comment les retrouver.

C'est comme pour les chaussettes. Tant qu'elles sont peu nombreuses, sous vos yeux, ça va ; mais des big data sont aussi problématiques qu'une montagne de chaussettes.

Une façon possible de les ranger, c'est de garder ensemble les data collectées sur un même cas, ce qui serait une ligne Excel. Comme on attache les chaussettes par paires.

```
Festival Interceltique de Lorient;11/08/2019;800000
Fête de l'Humanité;15/09/2019;450000
```

C'est l'idéal pour retrouver en un instant les data sur un même festival : date, entrées… (ou les deux chaussettes de la paire).

Mais vous pouvez faire l'inverse, garder ensemble les valeurs d'une même variable (ce qui serait une colonne sur Excel) :

```
Festival Interceltique de Lorient;Fête de l'Humanité
11/08/2019;15/09/2019
800000;450000
```

Vous avez ainsi sur une même ligne tous les chiffres pour calculer la fréquentation totale. Sur une même ligne, toutes les dates auxquelles des festivals ont lieu. Sur deux lignes, ce qu'il faut pour calculer une corrélation, un graphique, etc.

> *Depuis 2000, "le marché des entrepôts de données a basculé de bases orientées lignes vers des bases orientées colonnes, beaucoup plus rapides".*
>
> Michael Stonebraker, "*The elephant's dilemma: What does the future of databases really look like?*", sur ZDNet, 2015

Ce changement d'angle donne aux utilisateurs un accès rapide à des statistiques portant sur des **grands nombres de cas individuels.** Il a été décisif pour le développement des outils de *business intelligence*, notamment les tableaux de bord (*dashboards*).

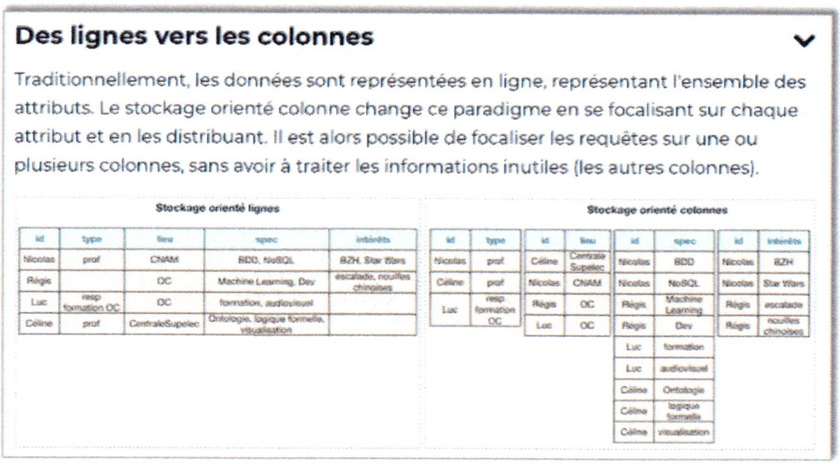

Des lignes vers les colonnes

Traditionnellement, les données sont représentées en ligne, représentant l'ensemble des attributs. Le stockage orienté colonne change ce paradigme en se focalisant sur chaque attribut et en les distribuant. Il est alors possible de focaliser les requêtes sur une ou plusieurs colonnes, sans avoir à traiter les informations inutiles (les autres colonnes).

Stockage orienté lignes

id	type	lieu	spec	intérêts
Nicolas	prof	CNAM	BDD, NoSQL	BZH, Star Wars
Régis		OC	Machine Learning, Dev	escalade, nouilles chinoises
Luc	resp formation OC	OC	formation, audiovisuel	
Céline	prof	CentraleSupelec	Ontologie, logique formelle, visualisation	

Stockage orienté colonnes

id	type
Nicolas	prof
Céline	prof
Luc	resp formation OC

id	lieu
Céline	Centrale Supelec
Nicolas	CNAM
Régis	OC
Luc	OC

id	spec
Nicolas	BDD
Nicolas	NoSQL
Régis	Machine Learning
Régis	Dev
Luc	formation
Luc	audiovisuel
Céline	Ontologie
Céline	logique formelle
Céline	visualisation

id	intérêts
Nicolas	BZH
Nicolas	Star Wars
Régis	escalade
Régis	nouilles chinoises

Copie d'écran, page de cours OpenClassRooms : "Choisissez votre famille NoSQL", paragraphe "Des lignes vers les colonnes", https://openclassrooms.com/fr/courses/4462426-maitrisez-les-bases-de-donnees-nosql/4462433-choisissez-votre-famille-nosql

55. Qui n'a jamais galéré pour retrouver une info ? Pourtant, il eût suffi d'avoir son nom

#Index #Nom #Name #Id #UUId

Des valeurs stockées en mémoire sont accessibles instantanément… à qui sait où elles sont.

Et leur index (Cf. point 5) dit où elles sont… à qui entre leur nom !

- Entrez votre nom ? Google a la liste des pages web qui le contiennent.
- Vous avez un nom de variable et une id d'individu ? Excel vous trouve la donnée au croisement de la colonne et de la ligne.
- Une personne ? votre photothèque a la liste des photos où son visage a été reconnu.

Pour trouver une info, il suffit donc de trouver son nom (l'"entrée d'index").

Mais parfois, c'est dur. C'est la première "*hard thing*" en matière de data comme "*in computer science: naming things*".

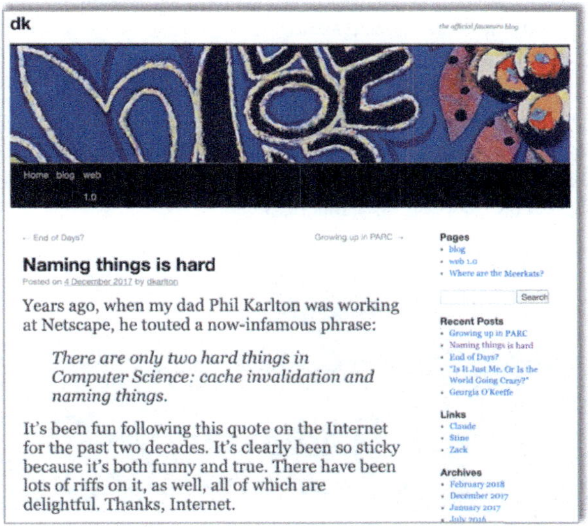

Copie d'écran du blog de Daniel Karlton[20]

- Comment nommer un **individu** : id signifiante (comme le nom), numéro d'ordre, UUId (nom unique au monde, non signifiant), code interne numérique ou alphanumérique ?
- Comment nommer une **variable** : au singulier, au pluriel ? en français, en anglais ? en minuscules, en Nom Propre ? Pour Excel c'est pareil, mais pas pour R ni Python : nid d'erreurs. Le 🐪 CamelCase ? Il jurera dans les présentations ou graphiques.
- Nommer un **document** : avec ou sans date, n° de version, auteur, extension ?
- Nommer un **mail** ?

Un data-débutant qui nomme correctement ce qu'il manipule mérite déjà la moyenne !

➔ La plus ancienne citation sur internet de la phrase de Phil Karlton illustre bien le propos de cette page : http://www.tbray.org/ongoing/When/200x/2005/12/23/UPI

---

[20] Et la *cache invalidation* ? https://www.ionos.fr/digitalguide/hebergement/aspects-techniques/quest-ce-quun-cache/

56. Gérer des data ressemble plus à Google Search qu'à Excel

#Extraction #Requête #Query #SQL

Un classeur Excel stocke des dizaines de tables (onglets) contenant chacune un million de lignes et des milliers de colonnes ; c'est assez pour beaucoup de vos data.

Si "*big data is data that breaks Excel*", ce qui n'est pas *big data* tient sur Excel !

Google Search, lui, "*breaks Excel*". Pour répondre à une requête, c'est d'une masse de milliards de pages web qu'il extrait certaines « colonnes » (titre, URL…) pour certaines « lignes » (pages).

Une gestion durable de data, même *small*, lui ressemble plus qu'à Excel.

- Chaque ligne ou colonne doit pouvoir être gérée, actualisée, indépendamment. Les droits d'accès pourront dépendre de la ligne, ou de la colonne, ou des deux.
- Le résultat d'une requête doit s'écrire ailleurs que dans la base !
    - Excel et autres tableurs ont une astuce : une formule donne son résultat dans la case où elle été entrée, qui ne contient rien d'autre. Mais cette astuce limite à « un résultat pour une ligne ». C'est très restrictif pour combiner plusieurs lignes.

Le langage le plus commun pour extraire certaines « colonnes » pour certaines « lignes » d'une base de données s'appelle SQL (*Structured Query Language*). Il permet de faire plus qu'une « simple » extraction, mais commence toujours par cette extraction, l'instruction `SELECT`. Même une simple addition ➕ demande un `SELECT` !

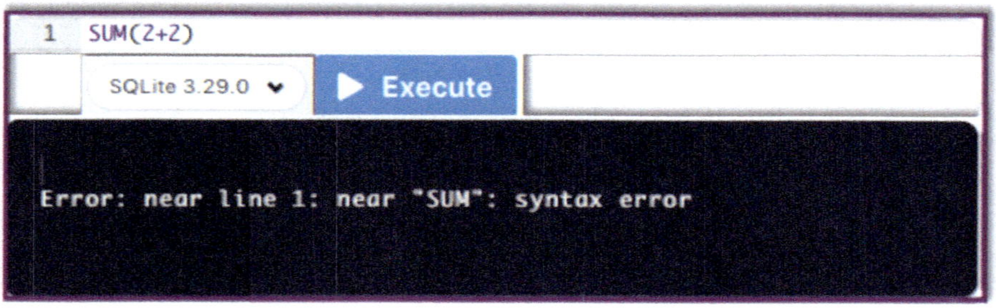

Montage d'extraits d'écran jdoodle, ***https://www.jdoodle.com/execute-sql-online/***

➔ La première occurrence que j'ai trouvé en ligne de la blague "*Big data is data that breaks Excel*" est dans la phrase de Brian Wilt dans un billet très intéressant par ailleurs, "*What is Big Data: Definitions from 40+ thought leaders*", 6 septembre 2014 https://bigdata-madesimple.com/what-is-big-data-definitions-from-40-thought-leaders/

57. La gymnastique de l'extraction et de l'agrégation

#BaseDeDonnéesRelationnelle #RelationalDatabase #SQL #Agrégation #Aggregation

Quand vous passez d'Excel à une base exploitable avec SQL, dite base « relationnelle », vous retrouvez une structure de data en lignes et colonnes assez familière :

```
[FrequentationFestivals]
[Festival];[Jour];[Spectateurs]
Lorient;2019-08-02;100000
Lorient;2019-08-03;70000
L'Huma;2019-09-13;100000
L'Huma;2019-09-14;200000
```

Il faut en extraire une liste de valeurs provenant des lignes.

Soit ce sont des lignes de la table d'origine ; par exemple voici la liste des jours où il y a des festivals :

```
SELECT Jour FROM
FrequentationFestivals
```

… éventuellement restreinte à l'un d'entre eux :

```
SELECT Jour FROM
FrequentationFestivals
WHERE Festival = 'Lorient'
```

Festival des Jardins de Chaumont-sur-Loire, août 2019

Soit ce sont des lignes "agrégées", c'est-à-dire regroupant des lignes de la table d'origine. Ainsi, en regroupant toutes les lignes par l'agrégateur `SUM`, on obtient la fréquentation totale :

```
SELECT SUM(Spectateurs) FROM FrequentationFestivals
```

Vous pouvez aussi regrouper selon un critère (`GROUP BY`). La fréquentation par festival :

```
SELECT Festival, SUM(Spectateurs) FROM FrequentationFestivals GROUP BY
Festival
```

Ce qui donne comme résultat :

```
Lorient|170000
L'Huma|300000
```

… ou, en plus sophistiqué, la liste des jours de grand nettoyage :

```
SELECT Festival, MAX(date(Jour, '+1 day')) FROM FrequentationFestivals GROUP
BY Festival
```

qui donne :

```
Lorient|2019-08-04
L'Huma|2019-09-15
```

SQL est puissant et souple (le , Excel ne sait pas faire), mais c'est de la gym !

➔ La présentation est simplifiée ; pour tester réellement les instructions, par exemple sur jdoodle, commencer par :
CREATE TABLE FrequentationFestivals(Festival text, Jour text, Spectateurs int);
INSERT INTO FrequentationFestivals VALUES("Lorient",'2019-08-02',100000), ("Lorient",'2019-08-03',70000), ("L'Huma",'2019-09-13',100000), ("L'Huma",'2019-09-14',200000);

58. À la chasse au doublon, on voit le bon et le mauvais chasseur

#Doublon #Dédoublonnage #Duplicate #Deduplication #CauseRacine #RootCause #Règle #Rule

Quel a été le nombre total de spectateurs à Lorient ?

```
[Festival];[Jour];[Spectateurs]
Lorient;2019-08-02;50000
Lorient;2019-08-02;50000
Lorient;2019-08-03;70000
```

Et dans ce cas ?

```
Lorient;2019-08-02;10000
Lorient;2019-08-02;90000
Lorient;2019-08-03;70000
```

La ligne à 90000 est-elle un ajout (on a compté les spectateurs en 2 fois, matin et soir),

… une correction (il faudrait éliminer celle à 10000),

… une correction par ajout (c'était 100000, il manquait un 0, on a ajouté les 90000 manquants) ?

Plein de causes peuvent générer des **doublons complets** (1er cas) ou **partiels** (2ème cas) : erreurs à l'entrée des valeurs, fautes d'orthographe ou abréviations non standard, logiques différentes dans l'interprétation des enregistrements… Et nulle part ne figure la bonne interprétation.

Voir et traiter les doublons est difficile par nature, car les lignes d'un fichier de données (Excel, SQL) ne communiquent pas entre elles. Elles sont traitées comme logiquement indépendantes. Et les doublons ne se suivent pas forcément !

Le mauvais chasseur, il voit un doublon ? 🔫 Il retire !

Le bon chasseur… essaye de tirer les leçons de l'apparition. **Il cherche d'où elle vient, et il en déduit une règle de calcul.** C'est souvent pénible, et souvent précieux.

> *Detecting database records that are approximate duplicates, but not exact duplicates, is an important task. Databases may contain duplicate records concerning the same real-world entity because of data entry errors, unstandardized abbreviations, or differences in the detailed schemas of records (…) among other reasons.*

Alvaro Monge et Charles Elkan, "*An Efficient Domain-Independent Algorithm for Detecting Approximately Duplicate Database Records*" (1997)

59. Gardons chaque valeur unique

#VariableDynamique #VariableStatique #DynamicVariable #StaticVariable #Redondance #Redundancy #DonnéeAtomique #AtomicData

Gravure : Jules Huyot d'après Adrien Moreau (1893)

Candide, enregistrant en SQL ses cadeaux à Cunégonde, ferraille pour définir dans sa table la variable :

```
MontantTTC = MontantHT * (1 + TauxTVA)
```

— *Voyons, Candide, c'est interdit !*

— M'enfin ? En R, Python, SAS, SPSS… Excel… c'est juste cette ligne à écrire !

— *Tout est au mieux dans le meilleur des mondes : si SQL te l'interdit, c'est pour ton bien.*

S'il y avait dans ta table les trois variables `MontantHT`, `TauxTVA` *et* `MontantTTC`, *alors, une future correction d'une des trois valeurs créerait une incohérence entre les trois. Pire qu'une erreur factuelle ! Une aberration ! Imagine des traitements ultérieurs qui supposeraient que TTC = HT + TVA, ce qui serait légitime : ils pourraient planter !*

Pour éviter ça, les data que tu stockes doivent être sans redondance, « atomiques ». Par exemple seulement HT et taux de TVA. Et le prix TTC s'en déduira au vol, quand on en aura besoin.

— Mais dans Excel, je crée facilement ces 3 colonnes !

— *Dans Excel, tu respectes la règle si ta colonne* `MontantTTC` *contient une formule active basée sur* `MontantHT` *et* `TauxTVA`, *sans modification manuelle. Alors, une correction sur HT ou sur TVA sera propagée automatiquement à* `MontantTTC`[21].

— Mais dans Python ou R, je peux aussi, et une fois calculées, les valeurs sont figées !

— *Eh oui : avec eux, le danger est partout 😱. Au moindre changement dans les valeurs en entrée, tu dois ré-exécuter toute ta chaîne de calculs. Cunégonde fait bien de te tanner pour que tu écrives ton code proprement !*

➔ La non-redondance est l'un des buts de la normalisation des bases de données, voir le point 65 et Wikipedia http://bit.ly/formenormale

➔ Utiliser un outil de *versioning* des data, comme DVC, réduit le risque d'être tanné par Cunégonde.

[21] Le calcul en marche avant (= poussé à partir des valeurs non calculées) que réalise automatiquement Excel a été introduit en 1969 dans le tableur LANPAR, indique https://en.wikipedia.org/wiki/Spreadsheet

60. Nous voici à mi-parcours de 120 points sur les data

« Les data », pas seulement la *data science* ou *data analyse* ou *data xxx* : du point de vue des data, une IA à mille milliards de coefficients libres ou un histogramme Excel, c'est en substance pareil.

L'orge est, en substance[22], la même dans une bière Heineken ou dans le plat du jour d'une ferme-auberge.

Une science des data reste, je crois, à assembler : elle sera à la data science ce que la botanique est à l'agriculture. Mais elle existe déjà dans les faits et peut s'enseigner, à partir de l'expérience des professionnels.

Les 59 premiers points ont abordé :

- Le cycle de vie des data : du phénomène dont elles gardent trace, aux algorithmes qui s'appuient sur elles ;
- Prédiction, apprentissage automatique et IA — illustrant notre capacité à utiliser des data nombreuses, et très peu denses, codées de la même façon sur le même type de cas ;
- Comment les data codent les phénomènes : les différents types de « variables » applicables à une population d'individus ;
- Comment arriver à une information sur la réalité à partir de data sur une population : les sujets de taille et de poids, d'aléa et de biais, de corrélation et de distance, de valeurs manquantes, extrêmes ou aberrantes, et les critères de performance dans la prédiction ;
- L'organisation physique de data : types de variables, requête, agrégation, index, doublons…

Appliquons maintenant ces notions à différents types de data et de bases de données :

- Les bases de données relationnelles, les plus proches d'un classeur Excel ;
- Les fichiers arborescents (XML et json), dont fait partie ce document .docx ;
- Les traces d'événements : capteurs et logs ;
- Les textes ;
- Les images ;
- Les data associées au temps (surtout) et à l'espace ;

Avant une troisième partie sur la mise en production de modèles dans des « pipelines », et sur les différents métiers des data.

---

[22] Pierre Abélard aurait préféré, à 'en substance', le terme 'indifféremment', au sens de 'sans qu'elle soit différente pour autant' (latin *'indifferenter'*). Une pensée qui l'aidera à mettre des mots sur la relation à la fois incandescente et très asymétrique qu'Héloïse et lui vivaient vers 1116. En savoir plus (publicité) : https://bit.ly/heloiseabelard

Modéliser une organisation au prisme de ses data : les bases de données relationnelles

61. Le cœur de la valeur durable d'un système d'information, c'est son modèle de données

#ModèleDeDonnées #DataModel

Dans la première moitié de ce livre, nous avons supposé que les données étaient des valeurs portant sur des cas de même nature (des photos dans une collection d'images, des clients dans une base de données marketing…) et étaient attachées à des variables ayant le même sens pour chaque cas (date de la photo, commune de résidence du client…).

Et dans la vraie vie ? Vu de ma fenêtre (ici), les individus de même nature, il faut les chercher.

Modéliser des réalités, pour les tracer par des data, consiste donc en premier lieu à **définir des natures d'individus**, natures suffisamment homogènes :

• ni trop larges : il y aurait trop de filtres et d'exceptions à gérer ;

• ni trop fines : ça générerait des répétitions entre catégories similaires, et des risques d'erreur.

Un modèle de covoiturage	**Un modèle d'achat**
• personne	• référence produit (avec prix unitaire, taux de TVA…)
• véhicule	• ligne de ticket (avec la référence et la quantité du produit)
• trajet	• client avec carte de fidélité
• étape (point sur la carte)	• ticket
• inscription	• caisse ou vendeur
• …	• …

Cette structure une fois fixée, ajouter ou modifier des variables, ou des modalités, est presque facile.

Mais modifier le modèle de données une fois fixé — modifier les natures des cas, des individus — c'est s'attaquer aux piliers et poutres du bâtiment ⛩, il faut tout refaire.

Par exemple, le modèle d'achat ci-dessus rattache le prix unitaire au produit : pour changer le prix, il faut soit changer le produit, soit écraser la valeur antérieure du prix. Ce serait un gros problème dans le système d'informations d'un distributeur. Et pour corriger cela, pour rattacher le prix à une date donnée, il faudrait réécrire plein de programmes.

Mieux vaut édifier juste dès le départ.

62. La différence entre data structurées et non structurées, c'est le moment auquel on structure

#Structure #Entité #Entity #Association #BaseDeDonnéesRelationnelle #RelationalDatabase #SGBDR #RDBMS

Structurer des data, c'est

[1] Définir des entités (individus, choses...) additionnables. Les carottes. Les navets.

• Pour des **conversations** sur un réseau social (un autre exemple après ceux du point 61) :

- auteurs
- messages
- likes
- conversations...

Exemple de choix à faire : un fil (*thread*) Twitter est-il un message ? ou une conversation ? Ce type de choix pèsera sur le coût et la faisabilité des travaux en aval.

[2] Autoriser certaines associations entre entités.

- Associer un message à un auteur, ou à plusieurs ? Sur LinkedIn, un article est rattaché à un seul auteur, même s'il a été coécrit.
- Associer un message de réponse au message auquel il répond, ou à la conversation (auquel cas l'ordre des réponses importe peu) ? LinkedIn et Facebook ont fait le même choix, sauriez-vous l'expliciter ?

[3] Lister les variables décrivant chaque entité, les valeurs autorisées, leur sens.

- Date d'un message : celle de sa création ? De sa dernière édition ?
- Y a-t-il une variable « date de conversation » ? ou est-ce redondant ?

Comment structurer des réalités floues et changeantes ? C'est un éternel recommencement.

Comment tirer, de data sans cette structure, un résultat sensé ? C'est impossible.

Il reste **le choix du moment : structurer avant de stocker** (en SGBDR), ou **stocker en vrac, et laisser à qui exploitera les data la charge de les restructurer** selon ses besoins (c'est l'idée de « déverser dans un *data lake* »).

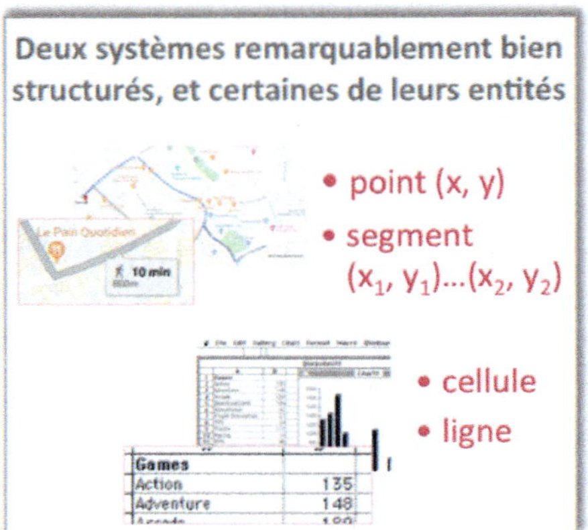

63. Les relations se démultiplient ; les infos, d'une table à l'autre, circulent : quand on déconfine les data

#Relation #Jointure #Join

Les data sur un même sujet décrivent différentes entités :

— achats… et clients ;

— points géographiques… et routes ;

— photos… et téléphones.

En Excel (ou SQL), il y aura un onglet (ou table) par entité, avec une colonne par variable pertinente pour l'entité :

- `Montant` dans la table `Achats`,
- `CodePostal` dans la table `Clients`,
- `IdClient` dans chacune des deux…

Mais les traitements, notamment statistiques, ne sont guère possibles que sur une entité à la fois ! Un total "d'achats et de clients" n'a pas de sens.

Pour ventiler les montants des achats par code postal des clients, il faut rattacher, à chaque achat, le code postal du client qui a fait cet achat. En SQL, ça s'appelle **jointure**, et ça s'écrit

```
SELECT CodePostal, SUM(Montant)
FROM Achats LEFT JOIN Clients ON Achats.IdClient = Clients.IdClient
GROUP BY CodePostal
```

En lisant tout doucement, ça se comprend bien, non ?

Les débutant·e·s en SQL demandent pourquoi "`LEFT`". La réponse la plus simple est dans l'image : ça donne le bon résultat !

Sur Excel, il faut soit utiliser `RECHERCHEX` (disponible sur les versions récentes), soit combiner les fonctions `INDEX` et `EQUIV` (un peu tordu)…

… soit, avec la fonction `RECHERCHEV`, utiliser la position de la colonne `CodePostal` (c'est très fragile !).

Je trouve SQL plus 😎 !

64. "Clé étrangère" : poésie du jargon de la théorie des data

`#Jointure #Join #CléPrimaire #PrimaryKey #CléÉtrangère #ForeignKey #Relation`

D'une future science des data, la théorie des bases de données relationnelles est déjà l'un des beaux et gras morceaux ; la richesse de son jargon en témoigne.

En voici un exemple : comment écrire à la cliente `Ana`, à son code postal, si la table `Clients` comprend juste la `Commune` ?

```
Clients
[Client];[Commune]
Ana;Survie
Bob;Gacé
Cléa;Gacé
```

Il suffit qu'une table `Communes` comprenne 1 code postal unique par commune :

```
Communes
[Commune];[CP]
Gacé;61230
Ginai;61310
Survie;61310
```

La jointure directe des tables…

```
SELECT Client, Commune, CP FROM Clients LEFT JOIN Communes ON Clients.Commune
= Communes.Commune WHERE Client = 'Ana'
```

… donne :

```
Ana;Survie;61310
```

Mais la commune de Survie a été fusionnée entre temps dans la commune nouvelle de Gouffern-en-Auge. Si on entre dans la table `Clients` un nouveau client, `Denis`, avec ce nom de commune, son code postal sera introuvable.

Les deux variables de `Clients` ont un statut particulier :

• `Client`, identifiant d'une ligne de la table (doublons interdits), est dite « clé primaire ».

• `Commune` a un rôle particulier : permettre l'association avec `Communes`. On peut **exiger, à l'entrée de données** sur un client, que sa valeur de `Commune` **fasse partie de celles présentes** dans `Communes`. La variable `Commune` de la table `Clients` est alors dite « clé étrangère » (c'est-à-dire : clé d'une autre table)[23].

[23] Illustration : image générée avec Picsart, *prompt* : « a foreign key ».

65. Où normaliser, où dénormaliser ?

#Structure #FormeNormale #NormalForm #Dénormalisation #Denormalization #Cube #OLAP #BI

Structurer des data, c'est définir des 'entités' — `Clients`, `Communes`, `LignesTickets`… — qui seront décrites par certaines variables ; et préciser les relations entre entités (un client peut-il avoir plusieurs communes ?).

Cela évite la redondance : rattacher la variable `CP` à la `Commune` et non au `Client` évite des masses de corrections le jour où La Poste réorganiserait ses codes postaux (corrections individuelles qui entraîneraient des risques d'erreurs et d'incohérences). Chaque valeur doit être unique, rattachée à l'individu précis qu'elle caractérise.

C'est crucial pour retracer sans erreur les modifications de la réalité, notamment les transactions (voir point 75).

Les règles de conception qui assurent cela sont appelées **formes normales**.

Mais cet éclatement des données complique, et peut rendre très long, un calcul qui ferait appel à des informations associées à des entités différentes, comme : "totaliser les ventes aux clients, par codes postaux, en distinguant ceux entrés avant ou après 2020". Il faut réassembler les millions de `LignesTickets` en y joignant des caractéristiques des clients, de leur commune…

Deux raccourcis :

- avoir prédéfini ces calculs (sous forme de tableaux qui sont eux-mêmes une base de données — un **Cube OLAP**) ;
- simplifier la structure de la base (**dénormaliser**) pour rendre accessibles au niveau individuel des variables souvent utilisées. Ce qui impose en contrepartie de traitements supplémentaires pour vérifier la cohérence de ces data redondées.

Une dénormalisation qui implique des traitements supplémentaires : la mise en avant de livres sur présentoir (médiathèque d'Argenteuil, 2018)

➔ Sur la normalisation voir aussi le point 59 plus haut, et wikipedia http://bit.ly/formenormale

➔ Une présentation pédagogique de l'intérêt de la modélisation BI et des cubes OLAP sur le blog de Juvénal Chokougoué : https://www.data-transitionnumerique.com/cube-olap-decisionnel-big-data/

66. Une structure de data qui peut être big : le modèle en étoile

#ModèleDeDonnées #DataModel #PGI #ERP #BI #EntrepôtDeDonnées #DataWarehouse #Fait #Fact #Mesure #Measure #Dimension #Contexte #Context

Le cœur de la valeur durable d'un système d'information (SI), c'est son modèle de données (point 61).

Pour un SI retraçant l'ensemble des réalités et actions d'une organisation (un ERP, un CRM…), le modèle est complexe : des centaines ou milliers d'entités, donc de tables…

Pour une application basée sur des données, heureusement, les choses se simplifient souvent. Une telle application est souvent basée sur **un (seul) type de faits** essentiellement :

• achats

• photos

• messages

• mesures de température…

Les autres entités, donc les autres tables, contiennent plutôt **les caractéristiques, stables d'un fait à l'autre, de parties prenantes au fait** :

• du client de l'achat

• du téléphone qui a pris une photo

• de l'expéditeur du message

• du capteur de température…

Il nous faut donc :

• une table centrale, la **table de faits**, qui contient souvent une ou des **mesures** quantitatives (montant de l'achat, température…)

• des tables satellites, dites en jargon BI **tables de dimensions**.

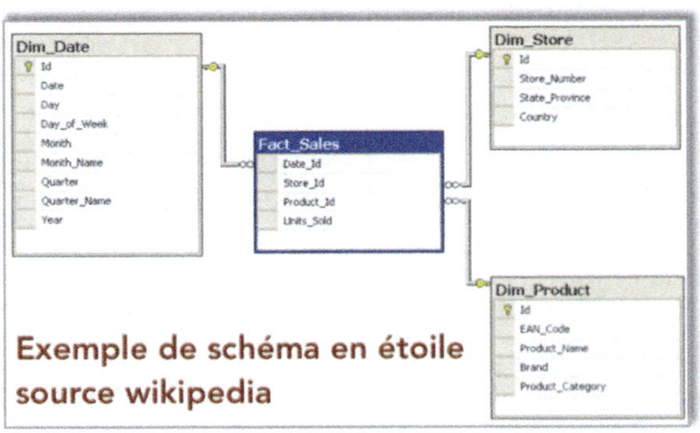

Exemple de schéma en étoile source wikipedia

C'est un modèle "en étoile" autour de la table de faits.

Très souvent, un fait est localisé dans l'espace et/ou le temps : certaines dimensions décrivent donc le lieu et le moment, le contexte du fait. L'étoile modélise, non l'organisation, mais le flux physique, spatio-temporel, des faits.

Un pas vers les big data !

➔ La base en étoile est souvent une étape (entrepôt de données, *datamart*) entre SI complet et application BI ; Cf. le billet de Paul Peton : https://methodidacte.org/2021/03/recueillir-le-besoin-pour-la-creation-dun-rapport-power-bi/

➔ La structure en étoile marche bien s'il y a *un* type de faits, pas plusieurs ! Cf. le billet de Florian Eiden https://fleid.net/2012/11/27/modelisation-dimensionnelle-la-table-de-faits-universelle/

67. Les différents cycles de vie des data, du temps réel aux données de référence

#DonnéesDeRéférence #Référentiel #MasterData

Du point de vue de l'utilisation de data, toutes doivent être à jour.

Mais en amont, pour le stockage et la maintenance, différentes data posent différents défis.

- Celles qui retracent des événements doivent être reçues, acheminées, placées là où elles seront lues, avec le moins possible de retards, de pertes, de doublons.
- Les caractéristiques durables d'entités — code postal d'une commune, altitude d'un point… — ne sont pas à répéter à chaque événement (ce serait source d'erreurs). Et pourtant elles bougent ! Des communes fusionnent, une carrière est remblayée…

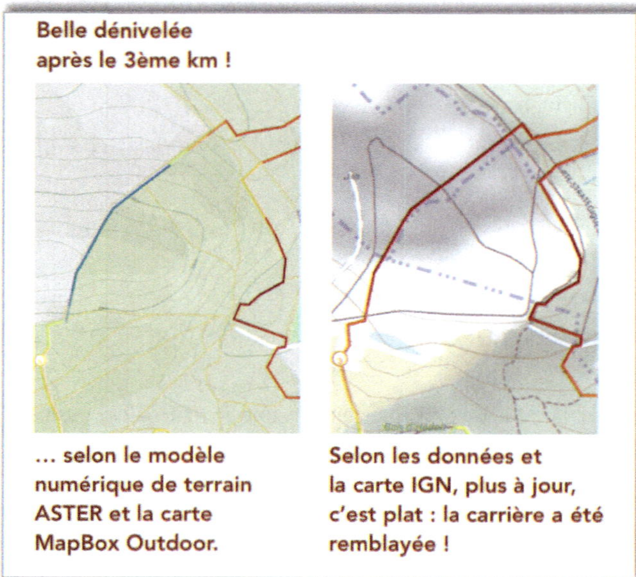

Il faut une gestion dédiée, la **gestion des données de référence**, *Master Data Management.*

> *L'ensemble des méthodes, outils, concepts et processus permettant de s'assurer que les données de référence soient correctement identifiées, de bonne qualité, dépourvues d'erreurs et utilisables sans le moindre risque.*
>
> *(...) Un référentiel unique, aussi appelé fichier maître, permet ainsi de rationaliser le partage des données entre les différents services et employés de l'entreprise.*
>
> *Parmi les (tâches du MDM) : le nettoyage des données, la mise en cohérence, l'élimination des doublons, la consolidation, la mise à jour, l'établissement des descriptifs des données.*

Bastien L sur lebigdata.fr, 18 avril 2018.

> *(In 1999), I estimated the Costs of Poor Quality Information at from 10 to 25 percent of operating revenue. I was wrong!!! For the typical immature organization, the costs are much higher. (...) Many CIOs, by and large are NOT Chief Information Officers — but Chief Information Technology Officers.*

Larry P. English, *Information Quality Applied*, Wiley, 2009

Associer les data et leur documentation : les fichiers arborescents, XML et json

68. Marre des structures des bases de données ? Une alternative simple : une question une réponse. Clé, valeur

`#CléValeur #KeyValue #NoSQL #Dictionnaire #Dictionary`

Construire, alimenter, maintenir une base de données SQL, ses tables par entité, les listes de variables par table, leurs clés primaires et étrangères associant les tables, ça fait usine à gaz.

Les enfants, eux, se passent très bien d'associer des variables à des entités avant de leur attribuer des valeurs.

Ils font des cocottes en papier.

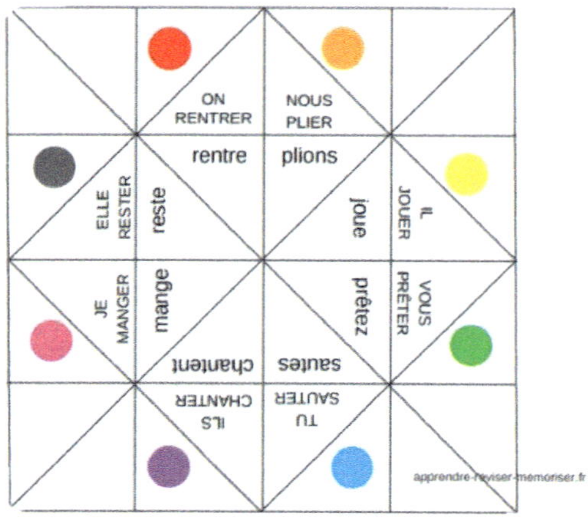

Ils utilisent le mode "question : réponse", qu'on pourrait aussi appeler "emplacement : trésor", ou "coffre : contenu"… et qu'en fait on appelle "clé : valeur" (*key: value*).

🔑 `"nous ; plier"` 💶 `"plions"`

🔑 `"tu ; sauter"` 💶 `"sautes"`

Simple ! Basique !

Évidemment, une ligne pour chaque valeur (chaque donnée), ça peut être très long. Mais, si les lignes de cette table — qu'on appelle un **dictionnaire** — sont triées par clé, par ordre alphabétique par exemple, il sera facile de retrouver une ligne qu'on cherche.

Une contrainte : **la clé doit être unique**. Ce serait plus évident si on avait appelé le modèle "emplacement, trésor" : il n'y a qu'un emplacement identique. Mais on peut contourner la contrainte en mettant plusieurs trésors dans le même coffre : en donnant plusieurs définitions pour le même article de dictionnaire.

🔑 `"il ; ruisseler"` 💶 `"ruissèle, ruisselle"`[24]

Joli, n'est-ce pas ?

- ➔ L'article Wikipedia en anglais (sans équivalent direct en français) est très clair et concis : https://en.wikipedia.org/wiki/Key–value_database ; pour une description plus technique/informatique de cette structure de données : https://fr.wikipedia.org/wiki/Tableau_associatif
- ➔ Une discussion sur le sens de « clé : valeur » : https://stackoverflow.com/questions/25955749/what-is-a-key-value-pair

[24] Ces deux orthographes suivent http://uoh.univ-montp3.fr/j_ameliore_ma_maitrise_du_francais/D-CON-groupes/co/doubles_lettres_apres_e_et_o.html

69. Une page en ligne se situe entre SQL et clé-valeur

#LangageDeDescriptionDeDonnées #DataDescriptionLanguage #XML #Html #Json

Dans un modèle de données « SQL », toute valeur est associée à un individu et une variable : 1 € peut être le prix TTC (variable) de telle baguette (individu).

Un enfant retient une valeur comme réponse à une question : "prix, baguette ? — 1 €". Le stockage "clé-valeur" marche comme ça.

Comment un réseau social, LinkedIn par exemple, envoie-t-il les data qui constituent une page ? D'une 3ème façon, intermédiaire : **chaque valeur est rattachée à une série de balises**, comme une feuille tout au bout de branches de plus en plus ramifiées.

Voici le code de la page `linkedin.com/feed/` sur mon poste le jour où j'y ai rédigé ce texte :

```
    <code style="display: none" id="datalet-bpr-guid-6367395">
      {"request":"/voyager/api/feed/updatesV2?
commentsCount\u003D0\u0026count\u003D3\u0026likesCount\u003D0\u0026moduleKey\u003Dhome-
feed%3Adesktop\u0026q\u003Dfeed\u0026start\u003D0","status":200,"body":"bpr-guid-6367395","method":"GET"}
    </code>
    <img src="data:image/gif;base64,R0lGODlhAQABAIAAAAAAAP///yH5BAEAAAAALAAAAAABAAEAAAIBRAA7" style="display:
none" class="datalet-bpr-guid-6367395">
    <script type="x/boundary" id="fastboot-body-start"></script>
    <script type="x/boundary" id="fastboot-body-end"></script>
    <code style="display: none" id="clientPageInstance">
      urn:li:page:d_flagship3_feed;/mjr1GUiR7+iprsozguaXg&#61;&#61;
    </code>

    <img src="data:image/gif;base64,R0lGODlhAQABAIAAAAAAAP///yH5BAEAAAAALAAAAAABAAEAAAIBRAA7" style="display:
none" class="terminatorlet">

    <div id="a11y-notification" class="visually-hidden" role="region" aria-live="polite"></div>

</body>
</html>
```

La page `<html>` dont on voit ici la fin (elle se termine par `</html>`)

comprend un corps `<body>` dont on voit également ici la fin (il se termine par `</body>`)

qui lui-même comprend des éléments dont des bouts de code `<code>` ; le dernier a pour valeur

`urn:li:page:d_flagship3_feed;/mjr1GUiR7+iprsozguaXg==`

Cette structure marcherait aussi pour les données d'un ticket de caisse :

```
Caisse : 23

  2   baguette        0,95  1,90
  2   pinard          2,99  5,98

Total                       7,88
```

```
<ticket>
   <caisse>23</caisse>
    <achat>
       <produit>baguette</produit>
       <quantite>2</quantite>
       <prix>0,95</prix>
    </achat>
    <achat>
       <produit>pinard</produit>
       <quantite>2</quantite>
       <prix>2,99</prix>
    </achat>
</ticket>
```

Verbeux… mais clair ! Ce **langage de description de données**, le XML — ou son quasi-équivalent, plus concis, json — **facilitent l'envoi d'information entre applications** : tout tient dans un même fichier "texte", sans constellation de tables ni descriptions externes.

➔ Une présentation simple et claire du XML : http://www.xmlmaster.org/en/article/d01/c01/#Knowledge

70. Nous savons tous coder dans un langage de balises (nous tous sur les réseaux sociaux)

#Balise #Tag

Dans un fichier texte XML ou json, chaque valeur est entourée de balises qui, à la fois, la délimitent et la définissent.

```
XML : <prix>2,99</prix>
json : {"prix":2.99}
```

Une autre gymnastique, pour stocker et retrouver les data, que celle d'Excel ou de SQL.

Extrait d'écran xmlviewer.org

Mais cette gymnastique nous est familière quand nous créons un *tag* (une balise) sur un réseau social, #data sur LinkedIn par exemple. Le mot que nous soulignons est délimité par :

- une **balise ouvrante** : le #
- une **balise fermante** : un espace ou autre ponctuation comme la)

Et le tour est joué : LinkedIn repère le contenu entre les balises, l'utilise dans l'URL du post, l'indexe pour faciliter l'accès aux contenus contenant le même tag, etc.

Le prix à payer ? Avoir dû réserver à cet usage certains caractères. Qu'il devient donc difficile ou impossible d'utiliser dans le contenu lui-même (valeurs, noms de variables…) :

```
##tag
#data storage
```

C'est le même prix que celui payé en ; dans le contenu de fichiers csv français (et en , pour les csv anglais).

#NoFreeLunch !

71. XML, json : une structure de data universelle ? Oui pour celles qui grimpent aux arbres

#Arborescence #TreeStructure #Chemin #Path #Objet #Object

Un fichier XML ou json ne fait rien, ce n'est pas un programme ; en revanche il rend des data interprétables et utilisables par des programmes, en indiquant leur signification. Ça, c'est assez universel !

Pourtant, la structure imposée par le langage XML ou json est particulière : chaque valeur est sur une feuille au bout d'une branche d'arbre.

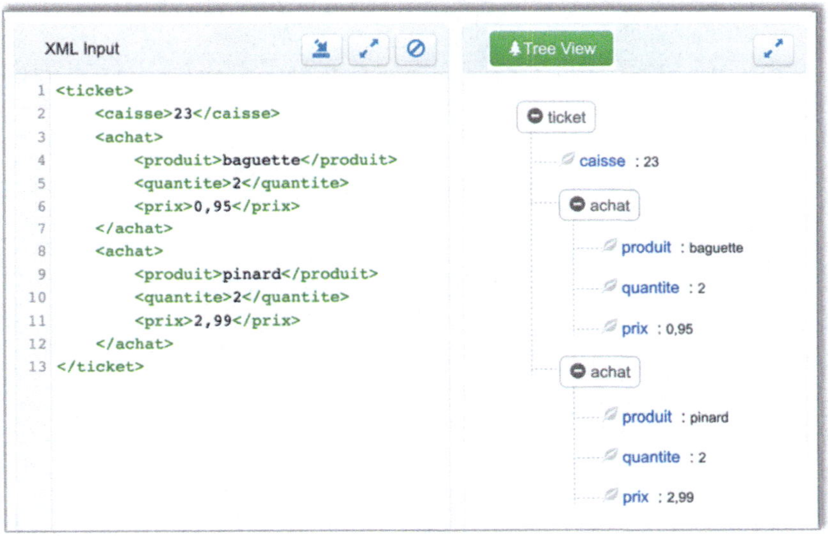

Extrait d'écran de xmlviewer.org

Un embranchement peut se faire entre entités (`caisse | achat`), entre individus similaires (deux achats), entre variables (`quantite | prix`).

Ça ressemble à l'organisation de vos fichiers sur un Mac ou PC. On appelle chemin une suite de balises qui conduit à des éléments ayant un même sens. Le chemin `ticket/achat/produit` conduit à tous les produits du ticket : 🥖 et 🍾.

Ça ressemble aussi à la notion **d'objet** en informatique : un objet, lui aussi, peut être défini globalement puis ramifié, précisé.

Est-ce universel ? Non. Comment rattacher une valeur à plusieurs branches en même temps "en serpent" ? Comment décrire ainsi les contacts sur un réseau social ? Difficile !

Et pourtant, **dans le monde physique, les structures complexes sont très souvent en arbre.** Une bonne raison pour que json ou XML servent souvent !

➔ Une présentation très pragmatique de json par Joël Bauer : https://www.alsacreations.com/article/lire/1675-json-stockage-leger-pratique-donnees-multitypes.html

➔ De bons exemples d'usage de XPath (syntaxe de récupération d'éléments d'un fichier xml) : https://www.w3schools.com/xml/xml_xpath.asp

➔ L'observation que les structures complexes sont très souvent en arbre vient du livre "*The architecture of complexity*" de Herbert Simon, 1962, dont ici un résumé super-résumé : https://glocomnet.com/library/the-architecture-of-complexity

72. Les langages de data qui disent aussi comment les afficher. XML… ou Excel

`#XML #Format #Style #CSS`

Un fichier XML ou json contient à la fois des valeurs et les balises disant ce qu'elles représentent :

```
<ticket>
<caisse>23</caisse>
...
</ticket>
```

Si on ouvre le fichier, il apparaît… comme ça. Lisible, mais moche.

L'ordinateur peut, interprétant les balises, représenter le XML comme un arbre, plus élégant (point 71).

Mais comment faire ressembler le ticket XML… à un ticket ?

En le formattant à l'aide d'autres balises, que l'ordinateur saura interpréter pour l'afficher. Par exemple `<b>` pour mettre en gras (*bold*).

```
<caisse><b>23</b></caisse>
```

Ainsi, **XML est plus qu'un format de données, c'est un format de document**.

Excel a toujours eu un superpouvoir similaire : une cellule appartient à une ligne et d'une colonne (un individu et une variable) et contient une valeur + son format d'affichage.

Ce format peut être fixé pour toute une colonne (variable) ; en XML aussi : pour que le numéro de caisse s'affiche toujours en gras (sans devoir répéter `<b>…<b>`), on écrit

```
caisse {font-style: bold}
```

dans une feuille de style (CSS), qui peut être un document à part.

XML facilite la séparation du contenu et du format… tout en autorisant à les mélanger[25] !

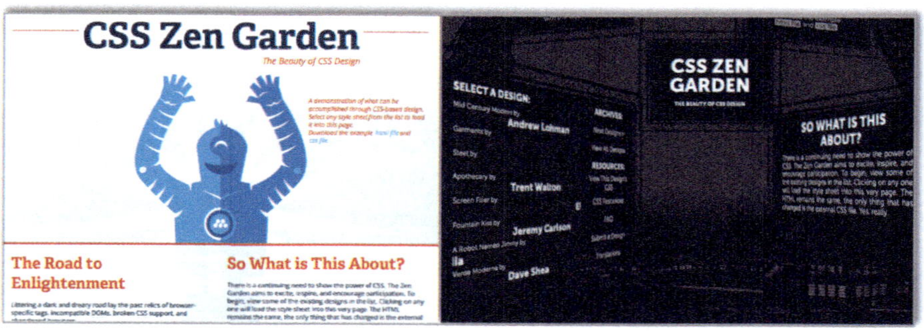

Le site CSS Zen Garden démontre la séparation que permettent les CSS entre contenus (textes) et formats (styles).

- ➔ http://www.csszengarden.com/215/ est une démo datée (2003), forte mais un peu forcée : les auteurs ont pu attribuer un style différent à chaque élément de contenu, ce qui est un peu l'inverse du but du css.
- ➔ Les fichiers Office ne sont des documents xml que dans les versions récentes d'Office ; les fichiers html ne le sont que dans certains cas, Cf. https://fr.wikipedia.org/wiki/Hypertext_Markup_Language

---

[25] Deux phrases de cette page sont reprises de Wikipedia en français https://fr.wikipedia.org/wiki/Extensible_Markup_Language

73. Une organisation hiérarchique des data, c'est bon pour répertorier des choses qui ne le sont pas

#BaseDeDocuments #DocumentStore #NoSQL

Dans un fichier json (un standard pour l'échange de data entre systèmes) ou XML (dont les documents Office), chaque valeur (chaque "donnée") est placée au bout d'une hiérarchie de balises qui la définissent : `ticket / achat / quantite`, ou `ticket / caisse`.

Cette structure diffère beaucoup du tableau rectangulaire individus / variables (feuille Excel, table SQL), et fait donc partie des structures dites **noSQL**.

Il reste bien des sortes de data auxquelles structure en arbre comme table SQL conviennent mal, dont :

• les images, sons, vidéos

• les textes ,

• les programmes informatiques

• et bien d'autres documents qu'on ouvre et utilise tels quels (PDF, etc.) …

Cependant, **la structure en arbre peut convenir pour les répertorier**.

— Les balises constituent alors le descriptif, les méta-données ;

— La valeur au bout de la hiérarchie de balises indique où trouver le document, par une adresse web (*URL*) ou plus généralement un identifiant unique de ressource (*URI*). Comme dans cette visualisation[26] d'un fragment d'un fichier .docx qui inclut une image.

C'est la structure habituelle des "**bases de données orientées documents**".

Et celle, vous la reconnaissez, des répertoires d'un ordinateur.

➔ Revoir aussi sur les structures noSQL les points 54 et 68.

[26] Cette visualisation en arbre a été créée, à partir du code xml du fichier Microsoft Word (.docx), avec **https://codebeautify.org/xmlviewer**

74. Récolter en masse les data au bout d'arbres hiérarchiques : la magie des RegEx

`#ExpressionRégulière #RegularExpression #RegEx #Parsing`

Dans une structure en arbre — fichiers XLM ou json, bureau d'un ordinateur — chaque valeur est au bout d'un chemin de balises qui la définissent :

```
{ticket / achat / quantité : 2}
```

À vous donner la nostalgie d'Excel, où cliquer en haut sur la lettre de la colonne donne tout de suite, en bas à droite de l'écran, le total de la colonne !…

Pour faire ce total, le stockage en arbre impose une étape intermédiaire : "analyser" le fichier (*parsing*), au sens chimique : le fractionner pour y retrouver les valeurs cherchées.

L'outil le plus général pour ça porte le nom abstrait d'**expression régulière** ou *regex*. Qu'est-ce que c'est ?

• En maths, une lettre (x, n…) désigne "n'importe quel nombre remplissant certaines conditions" (réel, entier…) ;

• De même, une regex désigne "n'importe quelle chaîne de caractères remplissant certaines conditions".

L'abstraction des regex m'a terrifié 😱 des années, alors, je me contenterai ici de prouver que ça marche ✨ ! Avec cet exemple où la regex (en haut à gauche) trouve dans le fichier XML la liste des différentes quantités achetées des produits :

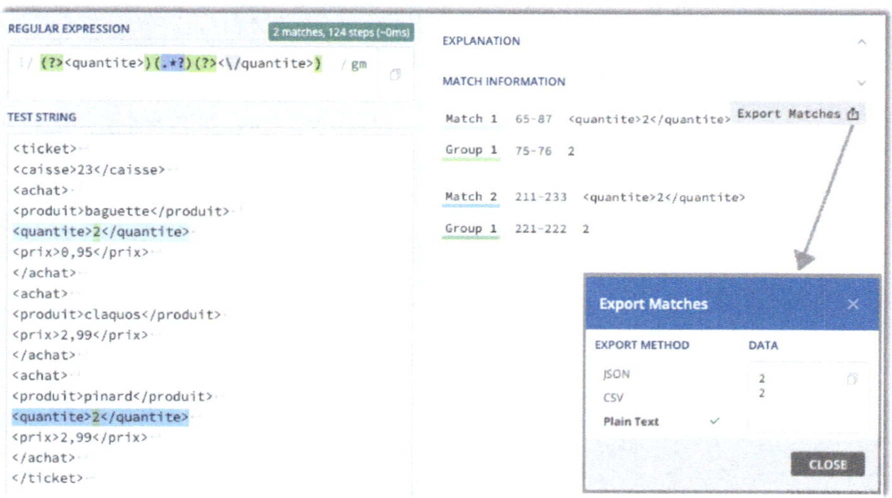

Ça marche, mais… si on remplaçait `quantite` par `produit`, les lignes ne correspondraient pas ; la 2ème valeur serait `claquos`, qui n'a dans le fichier XML pas de `quantite`.

Conclusion : **on transforme facilement des data xml/json en table individus*variables… seulement si elles respectent, en fait, cette structure** : si les mêmes variables sont présentes, une et une seule fois, pour chaque individu.

➔ Attention, une regex est un très mauvais moyen de parser un fichier XML (ou html). Comme bien expliqué ici https://stackoverflow.com/questions/1732348/regex-match-open-tags-except-xhtml-self-contained-tags/1732454 … "*but it is nice as an example*", comme le dit https://stackoverflow.com/a/3513858 !

➔ J'utilise pour l'image (et mon cours de data) le site https://regex101.com, à la fois beau et bien fait, pub gratuite.

Tracer des changements : transactions et logs d'événements

75. Transactions : les data au risque du changement

#Transaction

Au fil des 74 premiers points, les data apparaissaient comme des traces, sur mémoires numériques, de l'état du monde.

- 'Jim est étudiant.'
- 'Jim a eu son bac avec mention AB.'

Mais le monde peut se compléter par de nouveaux faits, et les data avec.

- 'Au premier devoir surveillé de data, Jim a eu 14.'

C'est facile à tracer en ajoutant une ligne dans une table ou un fichier XML : ça n'abîme rien de l'état antérieur du monde ; et, dès que cette valeur est enregistrée, elle vaut définitivement.

Mais comment tracer des trans-actions ? Paiements, messages, livraisons… qui modifient les valeurs de "variables" attachées à différents individus, avec des cohérences entre elles ?

La transaction est un objet complexe : **modifier la base suite à la transaction demande plusieurs changements cohérents**. Verser le salaire au salarié, le débiter à l'employeur. Si l'une des opérations n'est pas effectuée, la base devient incohérente.

Excel ne sait pas gérer ça !

Certaines bases SQL (« transactionnelles », *OLTP*) le permettent ; assurer la cohérence y reste un défi, surtout avec des bases répliquées sur plusieurs serveurs.

En résumé

- Les transactions permettent de **grouper plusieurs requêtes**, lesquelles seront validées (`COMMIT`) ou annulées (`ROLLBACK`) toutes en même temps.
- Tous les changements de données (insertion, suppression, modification) faits par les requêtes à l'intérieur d'une transaction sont **invisibles pour les autres sessions tant que la transaction n'est pas validée**.
- Les transactions permettent d'**exécuter un traitement nécessitant plusieurs requêtes en une seule fois**, ou de l'annuler complètement si une des requêtes pose problème ou si la transaction est interrompue.
- Certaines commandes SQL provoquent une **validation implicite des transactions**, notamment toutes les commandes DDL, c'est-à-dire les commandes qui créent, modifient ou suppriment des objets dans la base de données (tables, index...).
- Les critères ACID sont les critères qu'un système appliquant les transactions doit respecter pour être fiable : **Atomicité, Cohérence, Isolation, Durabilité**.

Source OpenClassRooms (une page limpide même pour un non-dev SQL !)
https://openclassrooms.com/fr/courses/1959476-administrez-vos-bases-de-donnees-avec-mysql/1970063-transactions

Une alternative : ne faire qu'historiser. Conserver les individus dans un seul état (initial ou final), enregistrer la liste de toutes les transactions (à la façon du mode révision de Word), et reporter sur l'utilisateur des données la charge de reconstituer l'état des individus à un moment quelconque.

76. Archiver un flux d'événements (et non décrire un état du monde) : les logs

`#Journal #Log #Évènement #Event #TimeLine`

Une transaction aussi simple que le versement d'un salaire modifie l'état d'une base de données de façon complexe, si on tient ce que la somme versée au salarié soit débitée à l'employeur.

Faut-il y tenir ?

Du point de vue des data, le crédit sur un compte est un événement autre que le débit sur un autre compte. Comme la réception d'un mail est un événement distinct de son envoi.

Tracer le monde en data peut consister à enregistrer ce qui se passe : un journal (*log*) d'événements captés à divers points.

En modélisant peu les phénomènes à tracer : leur nature même peut évoluer.

L'organisation de la captation et de la transmission devient cruciale : **chaque événement non transmis (manquant) peut fausser l'interprétation de ce qui suit**.

Le stockage, au contraire, se déstructure : les logs se déversent en vrac dans un “lac” (*data lake*)… où il faudra pouvoir les repêcher ! Et les organiser pour les traiter !

La datation structure le log (et c’est parfois sa seule structure).

Visualiser le log en *timeline* est donc naturel et souvent expressif. Dans celle-ci-dessous, vous devez pouvoir voir et dire des choses, sans même savoir de quoi il s’agit (serveurs informatiques ? capteurs d'activité ? joueurs à un même jeu ?…).

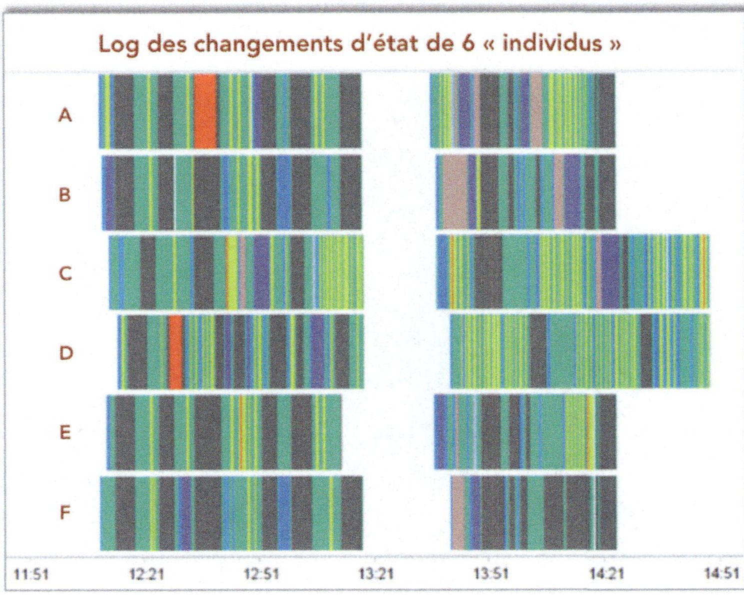

- ➔ La notion de *log*, enregistrement successif d’opérations sans les relier, correspond à celle de « journal » en comptabilité.
- ➔ Cette question-réponse donne une idée de l'organisation *en flux* que demande la captation et l'exploitation de logs : https://softwareengineering.stackexchange.com/questions/373052/application-analytics-logging-with-nosql-rdbms-bigdata

77. Tracer par des data naissances, morts et changements

#LacDeDonnées #DataLake #Transmission #Répétition #Repetition #KeepAlive

Un lac de données (*data lake*) se remplit par transmission, un à un, d'événements.

Qu'est-ce qu'un événement, en termes de data ? Vite fait, par analogie avec la démographie, j'en vois trois sortes : quelque chose naît, change, ou meurt.

• **Naissance** : un message est créé ; un contact est établi sur un réseau social.	Tracer une naissance est presque facile ; il suffit d'en enregistrer les caractéristiques. Facile si elles sont toutes connues en même temps ; parfois non, ce qui demande des arbitrages sur le délai de transmission.
• **Mort** : celle de l'individu tracé. Une personne… ou un objet cassé.	Dans ce cas, qui va prévenir ? La captation de la mort demande un ou plusieurs **tiers**. Cela génère des problèmes de data manquantes, ou erronées, et de doublons.
• **Évolution** : soit un changement d'état par paliers (le plus simple : deux niveaux, ON/OFF) ; soit l'évolution d'une variable continue : température, niveau de bruit.	L'enregistrera-t-on à intervalles de temps réguliers ? Ou seulement quand elle varie de "tant" par rapport à la transmission précédente ? Ou selon d'autres règles ?

En tout cas, il faut distinguer "rien ne change" (pas d'événement) de "rien n'arrive" (mesure interrompue ou liaison coupée). Et pour cela, **doubler la mesure de la valeur par un flux de messages vérifiant la liaison elle-même** (un *KeepAlive*).

78. De l'importance d'être constant en datant et localisant (ou : l'heure d'été, catastrophe écologique)

#Événement #Event #Lieu #Place #Date #EspaceTemps #SpaceTime

Comment classer une photo pour la retrouver ? Par lieu et date de prise de vue, bien sûr.

Lieu+date, c'est une excellente façon d'indexer un événement (une naissance comme une photo, un changement comme une retouche) : c'est physique, et indépendant de vos utilisations, donc durable, et adapté à la transmission à autrui.

3 conditions :

1• **Avoir lieu et date, et ne pas les perdre**.	Une copie d'écran perd ces infos (!). Une prise communicante (qui mesure la consommation électrique) n'a souvent pas de GPS.
2• **Enregistrer lieux et dates de façon homogène** dans un référentiel universel.	Des data dans des systèmes de coordonnées géographiques différents, ou avec des précisions différentes (d'une mesure GPS précise à un nom de commune), consommeront de la sueur avant d'être utilisées de façon fluide.
3• En aval, **gérer le décalage entre ce référentiel et les échelles servant aux utilisations**.	Ex. : l'heure d'été. Comment gérer l'heure manquante, et l'heure qui repasse 2 fois 😱 ? J'imagine que le temps que ça prend aux *data people* et informaticiens, et l'impact écologique ☠️ de ce travail, peut peser >2 fois les économies d'énergie générées !

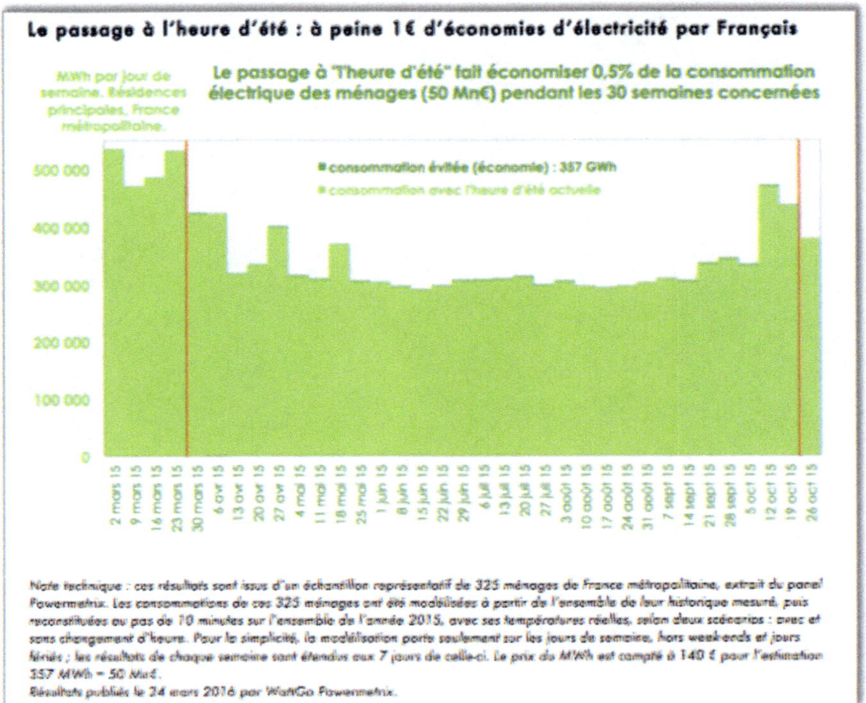

79. Traçage : les capteurs captent le for externe, le for interne leur échappe encore. Un peu.

#Capteur #Sensor #InternetDesObjets #InternetOfThings #IoT #Comportement #Behaviour #Attitude #InternetOmniprésent #PervasiveInternet

Tracer le monde devient toujours moins cher. La "**loi de Moore**", selon laquelle la capacité de **calcul** (nombre de transistors) d'une puce double tous les deux ans, se transpose au **stockage**, à la **transmission** et aux **capteurs**, de l'objectif photo aux capteurs physiques : leur prix a été divisé par 3 entre 2004 et 2018[27]. Un téléphone actuel inclut une quarantaine de capteurs[28] !

C'est l'"internet omniprésent". À peu près tout ce que vous faites laisse des traces numériques.

Y a-t-il une limite à ce traçage ? Aujourd'hui oui : les **comportements** sont tracés, pas les **attitudes**.

Cette distinction majeure reprend un vieux concept chrétien, celui de for externe / for interne.

Mon comportement, ou for externe, est visible par autrui… et mesurable par des capteurs.

Mes attitudes, ou for interne, ce sont les motivations de mes comportements, mes opinions parfois tues, mes représentations (comme l'image que j'ai d'une marque), mes intentions…

Il n'y a pas de capteurs internes.

Mais la barrière est poreuse. Les attitudes elles-mêmes n'existent que physiquement, dans le cerveau notamment. L'expression de mon visage 😶, comportement visible (for externe), ou les mots que j'emploie, traduisent mes attitudes (for interne) à un point qui m'échappe !

[27] *"Le prix moyen d'un capteur est descendu de 1,30 $ en 2004 à 0,44 $ en 2018, selon le rapport '2019 Manufacturing Trends' de Microsoft"*, https://www.supplychaindive.com/news/declining-price-iot-sensors-manufacturing/564980/

[28] Capteurs d'un smartphone : accéléromètres, gyroscopes, magnétomètres, GPS, baromètre, thermomètre, détecteur de proximité, capteur d'humidité, capteur de lumière ambiante,… + micros et caméras.
https://gizmodo.com/all-the-sensors-in-your-smartphone-and-how-they-work-1797121002
https://developer.android.com/guide/topics/sensors/sensors_overview

Sauter une étape, en utilisant des data qui intègrent l'interprétation humaine des phénomènes : les textes naturels

80. Des data prétraitées par l'intelligence humaine, prêtes à valoriser : les textes

#Texte #Text #TraitementAutomatiqueDuLangage #TAL #NaturalLanguageProcessing #NLP #GPT

Dans leur immense majorité, les data sont collectées en continu par des systèmes passifs : caméras de surveillance, serveurs informatiques, compteurs, … Elles prennent sens via une synthèse tenant compte de leurs méta-données et de données de référence.

À l'inverse, une phrase dite ou écrite par un humain peut **porter sa propre signification**, sans être considérée comme la valeur d'une variable, sans méta-données. C'est en une phrase que se résume, au final, la synthèse de masses de data : la conclusion tirée d'une analyse, le guidage par un GPS.

Quelle magie fait la densité d'un rapport d'incident, d'un tweet, d'un mail ? C'est qu'une personne humaine l'a créé. Un humain dont les comportements, les attitudes, s'y projettent sur quelques octets, au lieu de devoir être recherchés dans des giga-octets de vidéo.

Une parole, c'est très peu structuré : juste un flux chronologique de sons (ou de caractères, de mots). Et pourtant, des algorithmes arrivent à les utiliser très efficacement, que ce soit pour faire de la traduction automatique… ou pour comprendre comment le Covid-19 est traité ; ce schéma le résume en 9 thèmes (comportementaux, attitudinaux, événementiels) à partir de 536 témoignages publiés en ligne dans les premières semaines de l'épidémie.

9 word clouds and quotations for "Treating Covid-19". Based on a corpus of 536 media interviews, testimonies, posts and reactions by medical practitioners (33%), patients (22%) and others, from 25 countries (majority: USA), between January 26 and April 4. Collected on 41 social networks, online media, forums, blogs… according to the net conversations™ methodology. Topic modeling into 9 classes with IRaMuTeQ. Colors of the classes inspired by Google Image Search. Words cited for each class are those with highest Chi2 scores. Manual reordering of some words.

J'écrivais dans la première version de ce manuel en 2022 que, comme Olivier Ezratty dans ses « métaprévisions 2022[29] », « *j'entrevois un grand potentiel encore non exploité dans les innovations logicielles exploitant les outils de traitement du langage (NLP[30], GPT, etc.)* ».

Ce que vous lirez dans les pages suivantes n'est qu'un début : depuis cette première version, l'explosion de ChatGPT et de l'IA générative a amplement justifié ces « métaprévisions » !

[29] Olivier Ezratty, 30/12/2021 : https://www.oezratty.net/wordpress/2021/metaprevisions-2022/
[30] NLP : *Natural language processing* ; en français TAL, traitement automatique du langage.

81. *"Every time I fire a linguist, the performance of the speech recognizer goes up"*

#TAL #NLP #NGram #Transformer #GPT #ChatGPT

"Chaque fois que je vire un linguiste, la performance du système de reconnaissance de la parole s'améliore".

Frederick Jelinek (1932-2010), vers 1985

Cette phrase, « culte » en IA, le rappelle : la parole n'est qu'un son continu, formulé par un humain de sorte qu'il soit compréhensible par des humains . Selon des règles, certes ; mais personne, aucun linguiste, ne saurait les formuler complètement (tout comme personne ne saurait bien expliquer comment on reconnaît un chien d'un chat). Même après l'étape de reconnaissance de la parole (*speech to text*), quand elle est devenue une suite de caractères, aucun linguiste ne saurait en formuler toutes les règles d'interprétation.

Et pourtant, sans règles, un ordinateur peut écrire un texte.

Simplement parce que si le texte est une suite de mots, dans le temps : l'ordinateur peut *prédire* le mot suivant `S` à partir des précédents `P1, P2`... :

P3;	P2;	P1	➡	S
Every;	time;	I	➡	fire
time;	I;	fire	➡	a
I;	fire;	a	➡	linguist

Il suffit que l'humain choisisse un modèle (aujourd'hui un réseau de neurones de la famille des *Transformers*) et, pour que l'ordinateur apprenne les coefficients du modèle, lui donne plein d'exemples. Or les milliards de pages en ligne fournissent des trillions d'exemples.

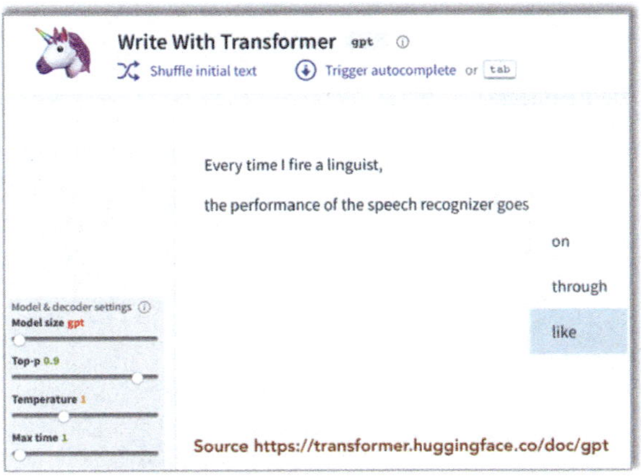

Source https://transformer.huggingface.co/doc/gpt

Essayons de prédire avec un GPT (*Generative Pretrained Transformer*), ici sur le site de HuggingFace : il ne trouve pas le "*up*" de Jelinek.

Une erreur ? Plutôt un signe que ce "*up*" était peu prévisible : qu'il constitue une information.

ChatGPT 3.5, lui, refuse carrément de me répondre. Et pourtant, cette phrase est importante !

- ➔ L'histoire de la citation, et les apports de Jelinek en reconnaissance de la parole et, indirectement, à la recherche en traduction automatique, sont bien présentés sur https://en.wikipedia.org/wiki/Frederick_Jelinek
- ➔ Suggérer que « 3 mots permettraient de prédire le suivant » simplifie beaucoup. La difficulté en prédiction de texte est que les valeurs utiles, "prédictives", qu'il faut avoir à "l'attention" pour prédire le mot suivant, peuvent se trouver très loin (par exemple, le nom d'une personne, alors qu'il n'a pas été rappelé pendant plusieurs pages). C'est la qualité des Transformers de bien déplacer leur attention. Même difficulté et même qualité pour composer (prolonger) de la musique : https://musicautobot.com/song/bb3324a9068db739eff1b2fc1cc0670b
- ➔ Reconnaissance de la parole non supervisée multilingue, "*High-performance speech recognition with no supervision at all*", https://ai.facebook.com/blog/wav2vec-unsupervised-speech-recognition-without-supervision/, 21/05/2021

82. "Encore des mots toujours des mots / Les mêmes mots" : Réduire nos paroles à des sacs de mots 🛍️

#SacDeMots #BagOfWords #Segmenter #Classification #RegEx #Token

La parole d'un humain pendant une minute, pour la capter en vidéo, il faut ~10 Mo.

Mais sa retranscription en ~1 Ko de texte contient une très grande partie de l'information !

On peut même souvent se contenter de la **liste des mots présents**, sans tenir compte de leur ordre ni de leur fréquence, donc au mépris de la grammaire : le « **sac** », en vrac, de mots.

		chanter	paroles	tu	vent	violons	
Tu es comme le vent qui fait chanter les violons	➔	1	0	1	1	1	etc
Encore des paroles que tu sèmes au vent		0	1	1	1	0	

Comment l'ordinateur reconnaît-il les mots présents dans le texte ? Il peut utiliser les *regex* (Cf. point 74). Dans la regex suivante,

```
' \S+ '
```

`\S` signifie « tout caractère qui n'est pas un espace », et `+` signifie « ce qui précède peut être répété indéfiniment (et doit être présent au moins une fois) ». La regex signifie donc[31] : « une suite de caractères entre deux espaces simples ».

Plus généralement, toutes les bibliothèques informatiques de NLP savent « tokéniser », c'est-à-dire découper un texte en éléments que l'on peut compter, les *tokens* (ici, ce sont les mots) ; y compris pour les langues sans séparateurs de mots, comme le chinois.

Le sac des mots d'un texte tokénisé, c'est quelques milliers de *dummies* (variables binaires), ce qui se prête très bien aux modèles, notamment de classification. Et de la même façon quelle que soit la langue.

Par exemple, en comparant les mots employés dans les romans de 39 auteurs italiens contemporains, ceux signés « Elena Ferrante » s'avèrent proches de ceux de Domenico Starnone, plus que de toute autre œuvre des 38 autres romanciers[32]. Les mots qu'on emploie sont une signature.

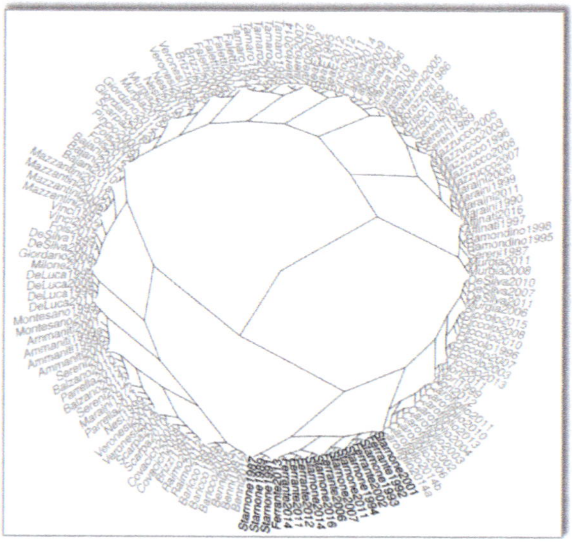

➔ La représentation binaire (1/0) du sac de mots marche bien pour un ensemble de textes brefs et de longueur homogène ; une échelle un peu plus compliquée, la TF-IDF, est d'usage plus général, Cf. https://fr.wikipedia.org/wiki/TF-IDF (et il y en a d'autres).

[31] L'exemple de regex donné marche sur regex101.com ; il existe différents langages de regex.

[32] Graphique : Pierre Ratinaud (LERASS) "*The Brilliant Friend(s) of Elena Ferrante: A Lexicometrical Comparison between Elena Ferrante's Books and 39 Contemporary Italian Writers*" (2017), utilisant le logiciel de TAL IRaMuTeQ, http://www.padovauniversitypress.it/system/files/preview/9788869381300.pdf

83. Comment la machine découvre des thèmes dans des textes

#DécouverteDeThèmes #TopicDiscovery #NuageDeMots #WordCloud

> *"Would tonic water help?"*
>
> *"Does carona virus only affect lungs…I heard that drink water enough would make these flush in your intestine"*
>
> *"Gargle with salt water about 6x day. Even if salt doesn't kill viruses, it may reduce them."*

Chacun de ces 3 commentaires, postés en mars 2020 au sujet du coronavirus sur Facebook et des blogs, discute de mesures à prendre face à ce danger.

Ce n'est pas pour cela que l'algorithme les a regroupés.

C'est parce qu'ils puisent dans un même vocabulaire — une centaine de mots dont *it, kill, salt, viruses, water, your…* — qui évoque des ablutions. La purification du corps humain pour un combat à mort : faite d'attitudes intérieures autant que de comportements visibles ; proche de la religion plus que de l'hôpital.

La machine est imbattable pour repérer dans les textes les thèmes qui relèvent d'**attitudes**, de représentations même inconscientes. C'est un calcul léger - quelques secondes sur un PC ordinaire - avec un logiciel comme IRaMuTeQ. La seule difficulté 😉 est de disposer de bonnes data : d'un corpus de textes pertinent, c'est-à-dire aussi représentatif que possible.

Nuages de mots associés à 2 des 9 thèmes issus de la classification automatique 'Treating Covid19' (avr. 2020)

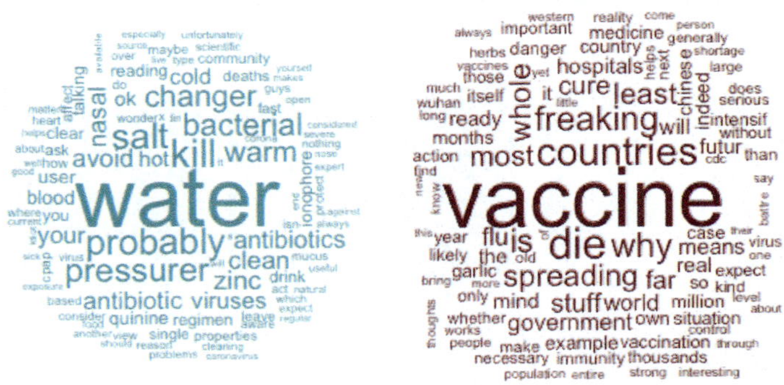

Comment caractériseriez-vous le 2ème thème par rapport au premier ?

Une fois ces attitudes dégagées, il reste au chercheur à comprendre ce qui les relie, comment elles constituent un système. Pour anticiper quels effets auraient sur ce système différents actions (politiques, marketing, RH…), et construire une stratégie.

➔ L'algorithme d'IRaMuTeQ, remontant à Max Reinert (1983), combine astucieusement deux classiques de l'analyse de données, l'analyse factorielle et la classification descendante ; mais c'est depuis 1963 qu'on sait classifier automatiquement des textes (Borko et Bernick). La classification automatique de textes a été ensuite "réinventée" avec une approche probabiliste bien plus lourde, la *Latent Dirichlet Analysis* (LDA : Blei, Ng et Jordan, 2003, https://www.jmlr.org/papers/volume3/blei03a/blei03a.pdf) ; tous les *packages* de NLP la proposent. Elle est pourtant moins efficace que les techniques antérieures, selon Peladeau et Davoodi, https://scholarspace.manoa.hawaii.edu/handle/10125/49965 (2018). Joli cas d'histoire des sciences ! La LDA a au moins des bases mathématiques plus profondes que l'algorithme de Reinert. Un exemple pédagogique de classification automatique par LDA : https://cbail.github.io/SICSS_Topic_Modeling.html

84. Plus facile que de trouver des thèmes dans des textes : les reconnaître

#ReconnaissanceDeThème #TopicRecognition #AnalyseDeSentiment #SentimentAnalysis #Classification #FakeNews

Résumer les textes par le « sac » de leurs mots (point 82) définit comme proches ceux qui puisent dans un même vocabulaire. Cela permet de constituer des groupes par proximité ; par exemple 9 groupes de textes, qui correspondront implicitement des « thèmes » n°1 à n°9.

Cela fait, on peut calculer pour chaque texte un "score de présence du thème n°1" : élevé si le texte contient beaucoup de vocabulaire du thème 1 (et peu des autres), etc.

✨ Chacun des textes est alors caractérisé, non plus par ~5000 variables binaires (une par mot possible), mais par 9 nombres seulement (les 9 scores des thèmes) !

Cette méthode indique en prime :

- Les citations les plus typiques de chaque thème : celles au score le plus élevé ;
- La corrélation entre thèmes et méta-données des textes : tel thème est plus abordé dans les textes plus récents ; ou plus sur Instagram que sur Facebook…
- Et elle peut aussi bien s'appliquer à un texte nouveau, qui n'a pas servi à la classification : elle indiquera si les thèmes 1 à 9 y sont présents (*topic recognition*).

L'application la plus courante utilise 2 thèmes seulement, l'agrément et le désagrément : la reconnaissance de thèmes est alors renommée **analyse de sentiment**. La voici appliquée à un discours du Premier Ministre singapourien Lee sur le Covid-19.

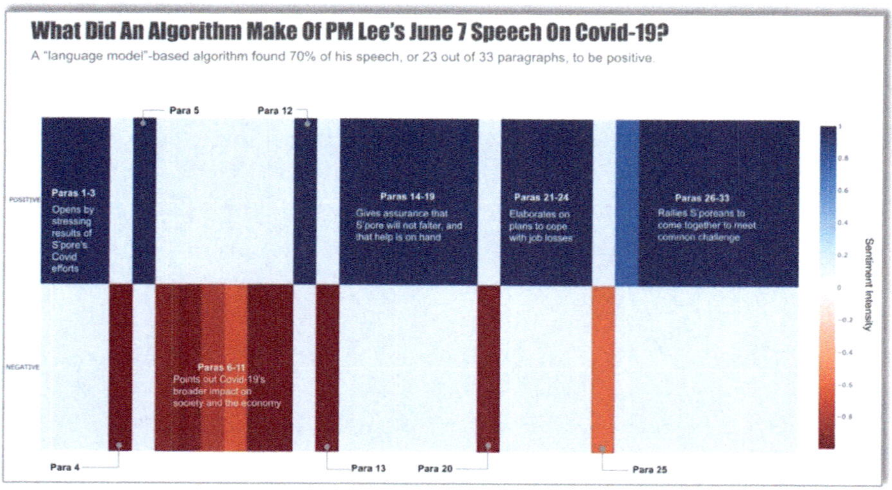

Une autre application à 2 thèmes, mais étrangement rare : contraster les vocabulaires témoignant de l'expérience authentique, ou à l'opposé, du fait de jouer un rôle ; pour démasquer les trolls et colporteurs de *fake news*.

➔ L'article de Chin Hon Chua dont est tirée l'image, est une très bonne introduction "grand public" à l'analyse de sentiment et plus généralement à l'utilisation de modèles du langage, et à leurs limites : https://towardsdatascience.com/sentiment-analysis-of-political-speeches-using-hugging-faces-pipeline-feature-3109c121d351

85. Jusqu'où nettoyer un texte ? Jusqu'à ce qu'il soit lisible

#TAL #NLP #Nettoyage #Cleaning #MotsOutils #StopWords

Selon un dicton : "Quand est-ce que des données sont enfin propres ? Quand on arrête de les nettoyer" 🧽…

… mais un texte, c'est différent.

La plupart des data, on ne les regarde pas assez, car individuellement, elles ne disent rien… sauf les valeurs extrêmes, qui clignotent : "Nettoie-moi !"

Un texte, lui, est parlant, interpellant ; il donne de lui-même plein d'idées de nettoyage.

En traitement du langage, on nettoie pas mal, comme le montre le blogueur sur l'IA Kurtis Pykes dans son billet du 17 mars 2021, *"A Guide To Cleaning Text in Python: Preparing Natural Language for Machines To Read"*.

Je vois **deux genres de nettoyage**.

L'un donne son sous-titre au billet de Kurtis Pykes : **rendre le texte lisible par la machine**, selon l'application visée. **C'est nécessaire**.

- Pour que l'ordinateur analyse des avis en ligne, il faut éliminer les publicités incorporées à la page étudiée.
- Pour compter toutes les occurrences du sigle FMI, il faut que F.M.I. devienne FMI.

L'autre **pré-analyse les contenus** : en corrigeant les fautes d'orthographe, en enlevant des mots jugés creux (*stop words*), en ramenant un verbe conjugué à son infinitif, etc. Selon mon humble expérience, **c'est presque toujours inutile.**

Car l'ordinateur est un lecteur tolérant !

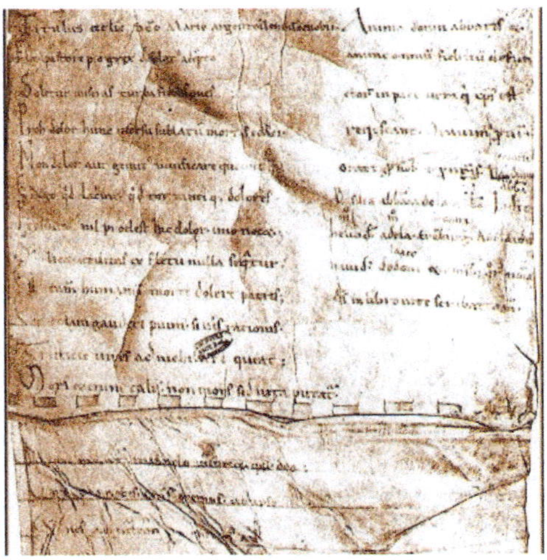

Parchemin difficilement lisible par un ordinateur. Sans doute de la main d'Héloïse, 1123

➔ Le billet de Kurtis Pykes : https://towardsdatascience.com/a-guide-to-cleaning-text-in-python-943356ac86ca

➔ La distinction faite ici entre nettoyage technique (qui permet au texte d'être lu correctement) et nettoyage sémantique (qui lui permettrait de rendre compte correctement de réalités extérieures) est bien présentée dans "*An introduction to data cleaning with R*" (Edwin de Jonge, Mark van der Loo, 2013), consultable sur https://www.linkedin.com/posts/learn-statistics-through-practice-5a31a7b1_cleaning-data-with-r-activity-6791858609610465280-nl_m

86. Pour qu'un ordinateur lise un texte : encodage et décodage

#Bit #ASCII #Encodage #Encoding #UTF8

Un texte est écrit avec un alphabet limité. Si, en lisant, on voit apparaître un signe inconnu ⥪, notre cerveau le traite comme une image.

La mémoire d'un ordinateur est composée seulement d'interrupteurs. Il ne connaît donc que 2 caractères, "fermé" et "ouvert", `0` et `1`, les *bits* (*binary unit*: unité - au sens de 'élément' - binaire)

Pour lire et écrire d'autres caractères, il faut une convention qui les retranscrive, les « code », en suite de *bits* `0` et `1`.

Au commencement était le chaos : chaque marque d'ordinateur codait à sa façon. Un groupe de standardisation a publié en 1963 le code ASCII, qui utilise des suites de 8 bits (*octets*). Par exemple, `00100100` représente le caractère `$`. La délégation italienne avait proposé le caractère `¤`, qui désigne une monnaie de façon générique. `$` a prévalu.

Sur un octet, on pourrait coder jusqu'à 256 caractères différents[33].

Voici une image d'un import de texte csv dans un outil d'administration de base de données. À gauche, le texte est lu en ASCII : certains mots manquent.

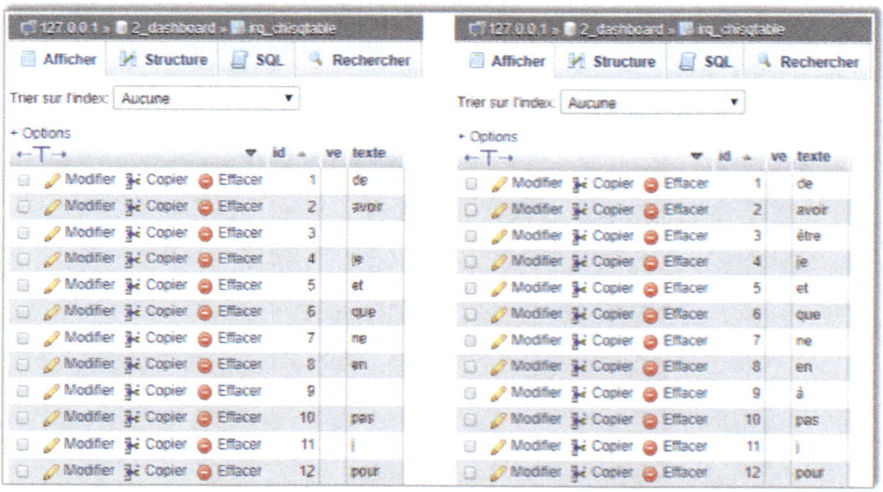

En effet, si on veut pouvoir lire les `ê`, `à`, etc., il faut plus de 256 caractères.

Le codage utf-8 (choisi à droite) utilise, pour les caractères non-ASCII comme `ê` et `à`, 2, 3 ou 4 octets. C'est assez pour coder plus de caractères différents que l'humanité n'en créera.

La morale est simple : 1. si un texte s'ouvre avec des caractères illisibles, cherchez, pour le décoder, le code utilisé pour l'encoder ; 2. le plus souvent, c'est utf-8.

➔ Tutoriel très pédagogique sur les encodages des caractères : http://sdz.tdct.org/sdz/comprendre-les-encodages.html

➔ L'ASCII selon Wikipedia : http://fr.wikipedia.org/wiki/American_Standard_Code_for_Information_Interchange

[33] La présentation est simplificatrice ; sur un octet, moins de 256 caractères différents pourraient être codés.

87. Pour lire avec nos yeux les data : l'alphabet hexadécimal

`#Octet #Byte #Hexadécimal #Hexadecimal`

Dans ma classe de 4ème, en 1977, on écrivait à l'ordinateur avec des cartes de ce modèle, qu'on perforait au bic. Donc sans la traduction en haut ! Il fallait "se relire" dans le langage interne de l'ordinateur.

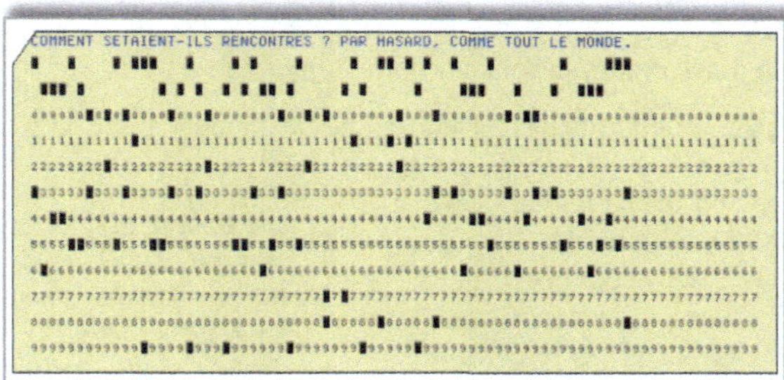

Jacques le fataliste, Denis Diderot

Pour **lire ce qui est stocké dans la mémoire de l'ordinateur indépendamment de toute convention de traduction, d'encodage / décodage**, il faut lire 1 par 1 l'état des interrupteurs qui la composent.

Par exemple :

```
00100100
```

… qui peut signifier `$` si on le décode comme un caractère ASCII. Ou signifier un gris très léger, si on le décode comme un pixel d'une image noir et blanc.

OK, `00100100` ça fait mal aux yeux.

On a trouvé plus lisible : regrouper les bits 4 par 4 :

```
0010·0100
```

Ça se voit sans mal, mais ça sature les oreilles.

On a trouvé **plus lisible et plus audible : représenter un paquet de 4 bits par un symbole**. Il y a 16 valeurs possibles pour un paquet de 4 bits. Il faut donc 16 symboles :

```
0000 : symbole 0
0001 : symbole 1
0010 : symbole 2
…
1111 : symbole F
```

C'est plus audible de dire que `$` est codé par `2·4`, plutôt que `0010·0100`. En fait, on l'écrit sans point médian : `24` ; mais lisez bien : `2, 4`. Voici les codes de quelques autres caractères :

```
, : 2C
é : C3 A9
€ : E2 82 AC
😀 : F0 9F 98 80
```

Avec un éditeur hexadécimal, comme `hexed.it`, on peut voir n'importe quel fichier comme l'ordinateur le voit. Transparent, non ?

➔ Initiation au codage binaire et aux caractères : https://www.laurentbloch.net/MySpip3/Information-donnees-codage-informatique

88. Pourquoi stocker tout un texte, s'il y a des répétitions ?

#Compression #Zip

Stocker deux fois des passages répétés est absurde, puisque :

• écrire à la plume d'oie prend du temps ;

• la place coûte, surtout sur du parchemin ;

• ça double le risque d'erreur, et même d'incohérence entre les deux graphies.

Dans un texte en vers, il y a des répétitions en fin de ligne ! On peut s'épargner quelques caractères en remplaçant la 2ème écriture par une balise spéciale : une demi-accolade, indiquant qu'il faut lire le texte figurant à la ligne précédente après l'autre demi-accolade.

C'est un algorithme de compression de texte.

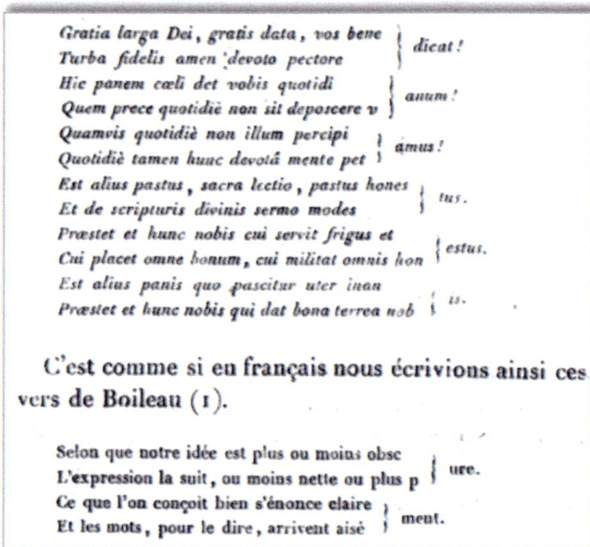

Gratia larga Dei, gratis data, vos bene } *dicat !*
Turba fidelis amen devoto pectore }
Hic panem cœli det vobis quotidi } *anum !*
Quem prece quotidiè non sit deposcere v }
Quamvis quotidiè non illum percipi } *amus !*
Quotidiè tamen hunc devotâ mente pet }
Est alius pastus, sacra lectio, pastus hones } *tus.*
Et de scripturis divinis sermo modes }
Præstet et hunc nobis cui servit frigus et } *estus.*
Cui placet omne bonum, cui militat omnis hon }
Est alius panis quo pascitur uter inan } *is.*
Præstet et hunc nobis qui dat bona terrea nob }

C'est comme si en français nous écrivions ainsi ces vers de Boileau (1).

Selon que notre idée est plus ou moins obsc } ure.
L'expression la suit, ou moins nette ou plus p }
Ce que l'on conçoit bien s'énonce claire } ment.
Et les mots, pour le dire, arrivent aisé }

OK, mon exemple est un peu loin de votre travail quotidien, et même pour les vers cet algorithme de compression de texte économise peu d'encre, de place et de temps. Mais son principe est excellent :

• **à chaque portion répétée de texte, associer une étiquette,**

• **et là où elle réapparaît, utiliser l'étiquette à la place**.

Ça ne perd rien du texte (compression sans perte, *lossless*), et ça a de grands mérites informatiques : l'algorithme est auto-suffisant (pas de document distinct où aller chercher le sens de symboles), et univoque (pas de risque de bug). C'est, presque, le principe de la compression `.zip`.

> *drag it, drop it, zip - unzip it…*
>
> *Technologic*

Cet algorithme aurait été inventé vers 1135 par Héloïse[34], fondatrice et dirigeante, très économe et ferme sur les prix, d'une communauté de femmes, près de Nogent-sur-Seine.

➔ Plus sophistiqué que cette méthode, le principe du zip (et bien d'autres algorithmes de compression) est le codage par dictionnaire : https://fr.wikipedia.org/wiki/Compression_de_données#Codage_par_dictionnaire

[34] C'est un érudit du XIXème siècle, le marquis de Fortia d'Urban, qui attribue cet algorithme à Héloïse, en commentant les lettres que lui adresse un contemporain, Hugues Métel ; la page reproduite ci-dessus est extraite de son livre *Histoire et ouvrages de Hugues Métel, né à Toul en 1080*, Paris, 1839.

Traiter des images : de leur stockage à leur interprétation, et à leur fabrication

89. 10 mégapixels = 30 à 60 méga-octets

#Pixel #RVB #RGB #PPM #Compression #GIF #PNG #JPEG

La couleur d'1 pixel composé de 3 LED, rouge, verte et bleue, résulte des intensités des 3 LED, de `0` à leur maximum.

On utilise comme échelle d'intensité un paquet de 8 bits (un octet), qui peut prendre 256 valeurs de `0000·0000` à `1111·1111`. En écriture hexadécimale (Cf. point 87) : de `00` à `FF`.

Coder la couleur du pixel prend donc 3 octets. Par exemple

```
FF•00•00 : rouge pur,
FF•00•FF : fuschia vibrant,
90•90•90 : gris béton…
```

Ce triplet d'octets pour représenter le rouge, le vert et le bleu (RVB) peut prendre 16 777 216 valeurs différentes, donc représenter autant de couleurs différentes.

Mais un fichier de 3 octets par pixel, ça fait 3 millions d'octets pour une photo de 1000x1000 pixels… C'est lourd ! Pour économiser de la place, on le compresse. Deux formules :

• Comme le `zip` : repérer des répétitions, les étiqueter, et la fois suivante les remplacer par l'étiquette. Le `png` marche comme ça ; il ne modifie en rien l'image. Le `gif` est similaire, mais limite le nombre de couleurs différentes dans l'image.

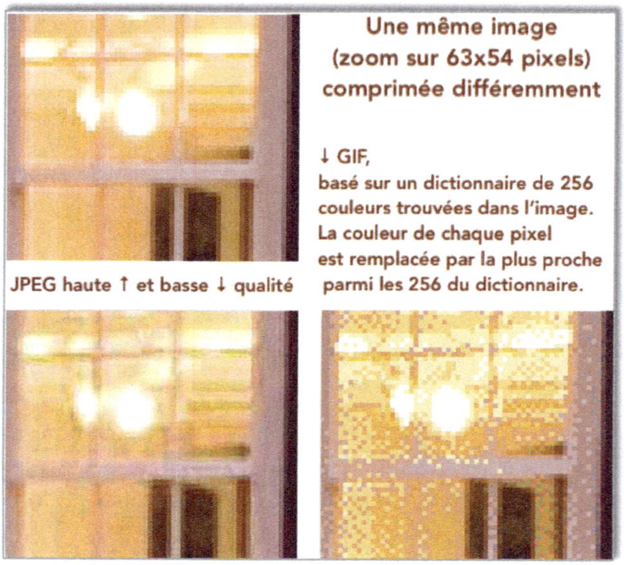

• Par un modèle qui chiffre, par une série de coefficients, où et comment les intensités des couleurs changent. Le `jpeg` fait ça.

Si on ne garde que les gros coefficients du modèle, l'image est très simplifiée, et le fichier léger. Si on en garde plus ("qualité supérieure"), le fichier est alourdi mais l'image meilleure 🤓

À propos, si un œil humain peut différencier 2 millions de couleurs 👀, est-ce que ces 3x8 bits suffisent à les représenter toutes ?

➔ La phrase, dans l'image, à propos du GIF "la couleur de chaque pixel est remplacée…", est trop simplificatrice, un examen attentif de l'image l'aura relevé ! Pour aller plus loin, le billet de Eric Z Goodnight, source des images : https://www.howtogeek.com/howto/30941/whats-the-difference-between-jpg-png-and-gif/ ,

➔ Si on utilise pour chaque LED non pas 8, mais 16 bits, ça permet 65 536 niveaux d'intensité pour chacune, soit 280 000 milliards de couleurs. Parmi ces 280 000 milliards de couleurs, celles supplémentaires par rapport aux 16 777 216 du codage 8 bits ne sont que des nuances intermédiaires entre celles-ci. Mais bien des couleurs visibles par l'œil humain sont absentes des 280 000 milliards : par exemple, une intensité de lumière rouge plus forte que le maximum de la LED. Ou encore, un jaune pur (longueur d'ondes 570 nanomètres), que les jonquilles savent faire et que les cellules de la rétine captent parfaitement : c'est différent d'une superposition de rouge et de vert ! Voir https://fr.wikipedia.org/wiki/Rouge_vert_bleu

90. Compresser ou reconnaître une image, c'est presque pareil

#Reconnaissance #Recognition #Coefficient #JPEG

`Une image de 10 mégapixels entièrement verte`

Hé ! je viens de la compresser en 44 caractères !

Par un calcul : celui de la moyenne des pixels (= vert).

On peut donc compresser en 1 seul nombre, sans erreur (sans "perte"), une grande image ! Pourvu qu'elle soit uniforme.

Et compresser en 2 nombres un dégradé, comme celui de cette image de 8x8 pixels. Elle est parfaitement définie par :

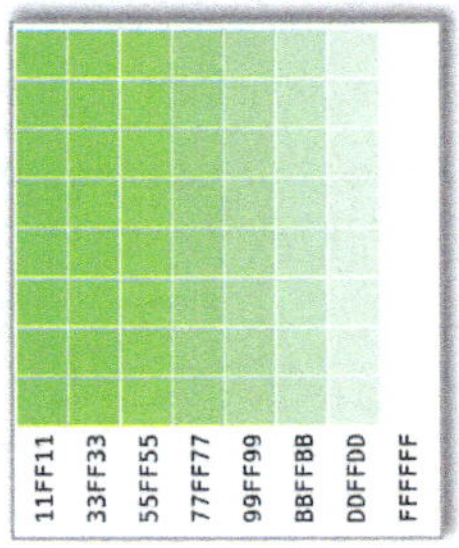

- sa teinte moyenne, `88·FF·88`,
- et le dégradé horizontal : `+22·00·22` par pixel.

Et si la couleur évolue de façon plus compliquée ? Eh bien, avec 8 nombres, on peut représenter n'importe quelle image monocolore de 8 pixels : le 1er nombre pour la moyenne, le 2ème pour le dégradé moyen, le 3ème pour le contraste entre le milieu et les bords, etc. ; comme dans la colonne de gauche du schéma ci-dessous.

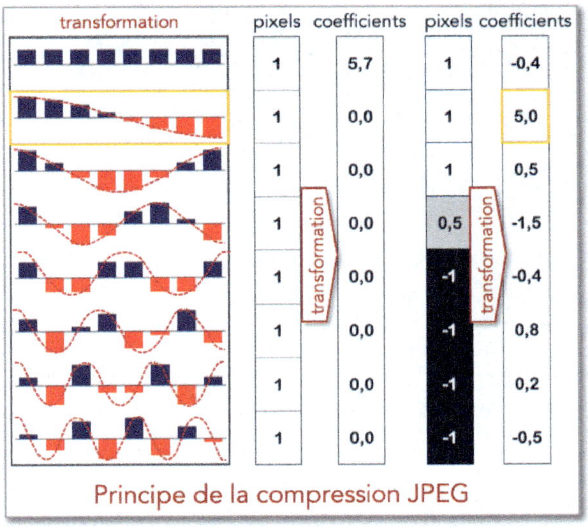

Chacun des coefficients jpeg est obtenu en multipliant les 8 valeurs en bleu ou rouge sur la même ligne, par les 8 pixels de l'image juste à sa gauche.

La partie droite du schéma montre le résultat du calcul

- sur une image de 8 pixels blancs (on note ici le blanc 1 et le noir -1) : seul le 1er des 8 nombres est non nul (`5.7`).
- sur une image avec 2 zones blanche et noire, séparées par un pixel gris clair. Le 2ème coefficient (`5.0`) est de loin le plus élevé, montrant que cette image ressemble à un dégradé du blanc au noir.

La compression JPEG fait ces calculs sur chaque zone de 8x8 pixels, et ne garde que les nombres les plus grands, ceux qui décrivent le mieux comment les couleurs évoluent sur cette zone.

> *« The patterns which are most surprising are most informative. (...) Garbage patterns [either meaningless or mislabeled] are also surprising »*

Guyon, Matic et Vapnik, *Discovering Informative Patterns and Data Cleaning*, 1994.

➔ Le 2ème exemple, en noir et blanc, évite le sujet de la gestion des couleurs (idem point 91), mais le principe mathématique serait le même (une transformée de Fourier discrète). Des présentations plus rigoureuses et plus complètes : http://pageperso.lif.univ-mrs.fr/~andreea.dragut/enseignementCLAA/CoursTD4_Fin.pdf (dont j'utilise ici le §3.5) ou https://www.chireux.fr/mp/cours/Compression%20JPEG.pdf.

91. Compresser ou reconnaître une image, c'est très très ressemblant

`#JPEG #Ondelette #Wavelet #Patch #Filtre #Filter #CNN`

Stéphane Mallat, grand nom de la théorie mathématique des ondelettes, s'est reconverti à l'IA, qu'il enseigne au Collège de France sous l'intitulé "Science des données". C'est un changement dans la continuité :

• les ondelettes, ça ressemble à la grille de gauche ;

• la grille de droite montre la 1ère couche d'un réseau de neurones utilisé en reconnaissance d'images (réseau de neurones convolutif, *convolutional neural network, CNN*).

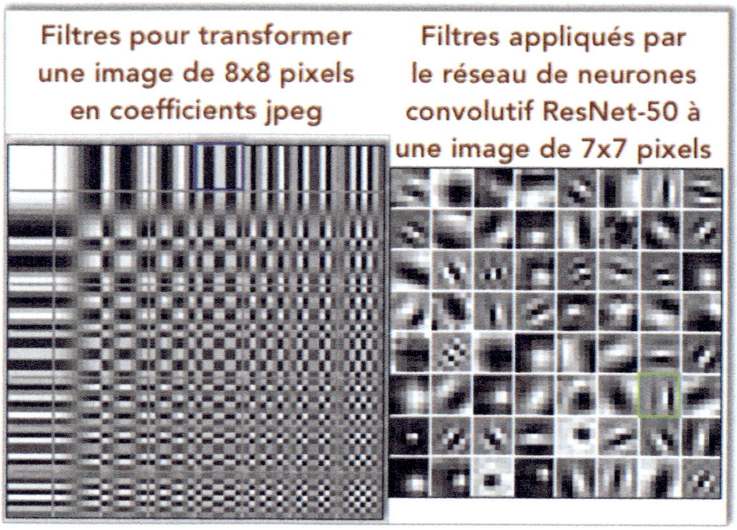

Le motif encadré en bleu ressemble à celui encadré en vert, n'est-ce pas ?

Les motifs de gauche sont très géométriques, ceux de droite suggèrent plus des objets réels (flous !), mais le principe est le même :

• Représentons les pixels d'une image noir et blanc par des nombres de `-1` (noir) à `1` (blanc).

• Prenons une petite zone de l'image (un *patch*) de 8x8 pixels  (ou de 7x7).

• `Multiplions` chaque pixel par la valeur du point situé au même endroit dans le motif (le noir a la valeur `-1` et le blanc `1`).

• Le total des `64 (ou 49) multiplications` sera élevé si le *patch* ressemble au motif !

Le nom, en maths, de ces motifs qu'on multiplie par les valeurs des données, est « **filtre** ». Comme une boîte à formes pour bébé, **le filtre laisse passer ce qui lui ressemble**.

➔ La multiplication d'un patch par un filtre est illustrée au point 19. N.B. : c'est un autre sens du mot « filtre » qu'au point 40 !

➔ En fait, les ondelettes sont plus sophistiquées que les filtres de la grille de gauche : elles décrivent non seulement une forme d'évolution, mais aussi son emplacement dans l'image. Elles servent à une autre technique de compression, `JPEG2000`.

➔ Pour aller plus loin : https://www.britannica.com/technology/data-compression

➔ Leçon inaugurale (bien accessible) du cours de Stéphane Mallat au Collège de France, 11 janvier 2018 : https://www.college-de-france.fr/site/en-stephane-mallat/inaugural-lecture-2017-2018.htm

92. Pour compresser ou reconnaître, modéliser plutôt les data ou la réalité ? Le cas des vidéos

#Patch #FlotOptique #OpticalFlow #Tubelet #CNN

Compresser ou reconnaître une image commencent par la "filtrer" : calculer, pour chaque petite zone (*patch*), de p. ex. 64 pixels, ce qui s'y trouve (Cf. point 91). Avec 2 stratégies possibles :

• celle du JPEG : **les filtres sont toujours les mêmes,** choisis selon une règle mathématique qui assure de pouvoir représenter n'importe quel *patch* (Cf. point 90) ;

• celle des réseaux de neurones convolutifs (*convolutional neural networks,* CNN), consistant à **apprendre des filtres à partir d'exemples**. Les filtres vont alors, implicitement, retracer des réalités.

La même alternative est encore plus frappante pour les vidéos.

- Orientation data, l'état de l'art jusque vers 2014 : considérer que ce sont les pixels qui bougent. Modéliser le « flot optique » composé de tous ces petits déplacements, avec leur direction et leur vitesse, comme des petits bouchons à la surface d'un liquide. C'est le principe de base de la compression MPEG.
- Orientation réalité : repérer, dans la succession d'images, de vrais objets ; les localiser dans l'espace-temps comme des "tuyaux" (*tubelets*). Il n'y aucune règle mathématique qui décrirait tous les mouvements possibles de tous les objets ; mais on peut apprendre, à partir d'exemples, à placer ces *tubelets*.

Sur cette image, l'orientation data marcherait mieux.

Parce que l'image est irréelle !

➔ L'histoire des standards MPEG (MPEG désigne un "expert group", comme JPEG, et non un standard unique) est révélatrice de ces deux orientations, Cf. le billet de Leonardo Chiariglione http://blog.chiariglione.org/data-compression-in-mpeg/

➔ Le sujet de cette page vient d'un exposé de Cordelia Schmid (Inria, Google), 27 fév. 2019, au cours de Sciences des Données de Stéphane Mallat au Collège de France, vidéo de l'exposé ici : https://www.college-de-france.fr/site/stephane-mallat/seminar-2019-02-27-11h15.htm

93. Images, textes, sons, questionnaires… mêlent information pertinente et contexte de mesure. Deux façons de les démêler, pour éviter le surapprentissage.

#Surapprentissage #Overfitting #Contexte #Context #Robuste #Robust

Les photos de voitures, plus souvent que celles de maisons, comportent une texture granuleuse d'un ton bitume. Un ordinateur apprenant de façon automatique utilisera donc cette texture pour prédire que la photo représente une voiture. *Pourtant, rares sont les voitures ayant cette texture.*

C'est le **surapprentissage** : le modèle trouve dans les data, et retient, des corrélations… qui pourraient bien être fallacieuses ; elles risquent de devenir trompeuses sur les photos futures.

Ces corrélations fallacieuses viennent souvent du contexte de mesure : décor d'une photo (voitures sur des routes), fond sonore d'une prise de voix, réseau social sur lequel un message est posté… Ou, dans un questionnaire, les questions posées auparavant.

Comment avoir des modèles **robustes aux changements de contexte** ?

Déjà, il faut diversifier les contextes de recueil : collecter ce qui se dit sur différents réseaux sociaux, passer un questionnaire en ordre aléatoire…

Ensuite,

- soit on compte 🤞 sur cette diversité de contextes pour neutraliser les corrélations fallacieuses…
- soit on identifie explicitement le contexte (par des méta-données ou par l'analyse), et on tient compte du contexte dans le modèle qui cherche à reconnaître ou analyser le contenu étudié.

Page de 'Looking for the Missing Signal', présentation de Léon Bottou au Simons Institute, 27 mars 2017

Au point suivant, nous aborderons une autre direction, celle d'intégrer une connaissance a priori (= antérieure aux data) de ce qu'on modélise.

➔ La formalisation du point vient de la conférence de Léon Bottou au Lip6 (2018), proche de celle dont provient l'image (2017), ici en vidéo : https://www.youtube.com/watch?v=DfJeaa--xO0 ;
PDF : https://simons.berkeley.edu/sites/default/files/docs/6448/missingsignal.pdf. En plus journalistique et accessible, voir les notes de Karen Hao à la conférence ICLR, mai 2019 : "*Deep learning could reveal why the world works the way it does*", https://www.technologyreview.com/2019/05/08/135454/deep-learning-could-reveal-why-the-world-works-the-way-it-does/

94. Reconnaître, compresser, fabriquer des images de visages, avec ou sans repères

#ReconnaissanceFaciale #FaceRecognition #PointCaractéristique #Landmark #ModèlePhysique #ModelBased #DataDriven #DeepFake

Le premier algorithme de reconnaissance faciale, dans les années 60, était basé sur des mesures de distance sur le visage, comme dans l'image N&B ; mesures prises à la main.

Aujourd'hui, l'algorithme

• commence par extraire l'image de visage de son contexte,

• la redresse,

• y repère des points caractéristiques (*landmarks*),

• mesure la distance entre ces points.

Il ne reste plus à votre téléphone qu'à comparer ces distances à celles de votre visage, qu'il a enregistrées (ce qui constitue une représentation très compressée de votre visage).

Il ne reste plus à la police qu'à comparer ces distances avec celles dans sa base de données de criminels en fuite.

En modifiant ces distances, on produit un visage artificiel (image N&B ci-dessous à gauche).

Cet algorithme incorpore un modèle physique "a priori" (= antérieur aux photos), modèle selon lequel « un humain a deux yeux, leur distance est fixe à l'âge adulte, etc. »

Jusqu'à ce jour, utiliser cet priori reste plus efficace.

Mais on peut aussi mener une reconnaissance de visages à partir des seuls pixels (*data driven*), comme pour reconnaître les chiens des chats. Et ça marche. Et ça permet aussi de fabriquer des visages synthétiques (*deep fakes*), comme dans l'image couleur à droite.

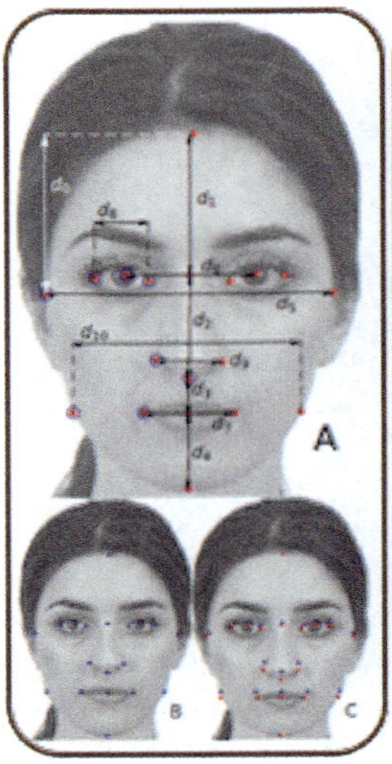

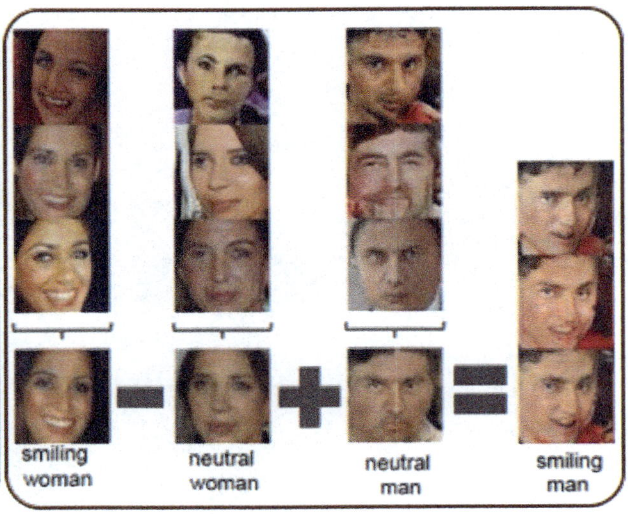

➔ Deux revues des applications actuelles :
https://www.kaspersky.com/resource-center/definitions/what-is-facial-recognition et
https://www.thalesgroup.com/en/markets/digital-identity-and-security/government/biometrics/facial-recognition

95. Et si un mot de français, une photo, une chanson… pouvaient être représentés par juste quelques nombres ?

#EspaceDeReprésentation #Embedding #ACP #PCA #VariableLatente #LatentVariable #Score #RéseauDeNeurones #NeuralNetwork #DL #GAN

… comme un visage se résume en 10 ou 20 distances caractéristiques (point 94) ? Comme un test de QI ou un test psy de l'été se résume en 3 ou 4 scores ?

Alors, on pourrait — je prends l'exemple des mots du langage :

- **Calculer** si un texte est proche d'un autre, même si tous leurs mots sont différents !
- **Visualiser l'évolution dans le temps** d'un flux de textes : "de + en + haut sur tel score" ;
- **Analyser géographiquement un corpus** : "le score n°2 est plus fort là où le taux d'incidence du Covid est élevé" ;
- Utiliser toute la boîte à outils de **prédiction** des statistiques, de l'économétrie : "si dans les nouvelles de l'entreprise X, le score n°3 augmente, son cours de bourse augmentera" ;
- **Interpoler entre des mots pour en créer d'autres** ayant un certain sens…

Ça se fait… depuis un siècle, avec l'analyse multivariée linéaire (l'ACP) ! Très efficace quand chaque donnée (valeur de variable) a une signification propre.

Et ça se fait au XXIème siècle très efficacement aussi sur les variables massives (pixels, son, mots de la langue…), avec les réseaux de neurones.

Ainsi, les mots de la langue peuvent être considérés comme localisés sur une carte, où :

```
Italie + (Madrid - Espagne) =~ Rome.
```

Bon… plutôt une carte à 300 dimensions, qu'à 2 dimensions comme la carte routière, ou 3 sur ce schéma.

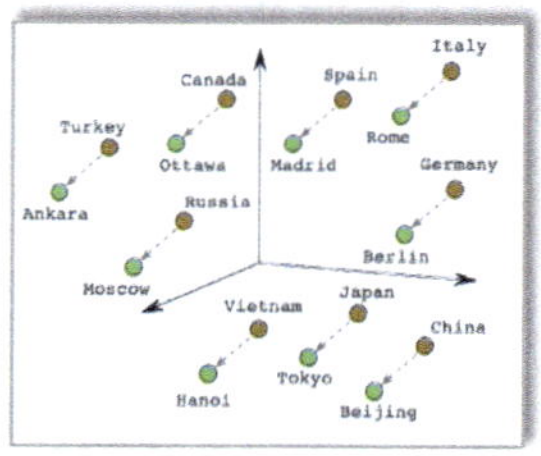

De même pour les visages. Et cela permet d'en créer à foison, par une simple addition.

➔ Vidéo de l'interpolation de visages avec StyleGan2 (*interpolation loop*) : https://www.youtube.com/watch?v=6E1_dgYlifc

➔ Pour des compléments et liens, voir les commentaires de https://www.linkedin.com/posts/lefebvre_stylegan2-interpolation-loop-activity-6794969283731492865-JeN0/ ; voir aussi le point 45.

96. 80/20 : l'humain comprend un seul nombre à la fois (et qu'en déduire sur la préparation des data)

Les ordinateurs sont capables d'avaler, d'humeur égale, des milliards de nombres.

La capacité de compréhension des humains, en tout cas la mienne, ne dépasse guère 1 nombre.

- Un taux d'incidence de 400 pour 100000 ?
- 1 personne est porteuse du virus sur 250 personnes que je croiserais dans les transports : ça je peux comprendre.

96 pages de passées sur 120 ? oui bon c'est beaucoup… 80% du livre, ça c'est plus clair.

Le « 80/20 » cher aux consultants en management serait un contre-exemple : 2 nombres à la fois ! Affirmant qu'on obtient 80% du résultat visé avec 20% du coût requis pour ce résultat (et qu'il est donc utile de concentrer l'effort sur ces 20%).

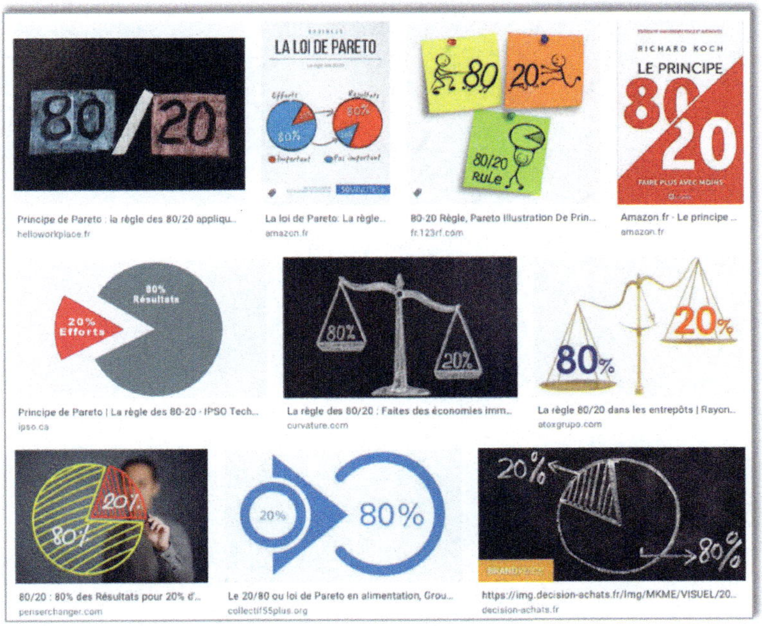

En vérité il n'y a qu'un nombre, le 80% : en fait, l'effort à investir pour atteindre ces 80% pourrait bien être 10 ou 25 ou 35% du budget total, qui sait ? J'aimerais bien voir une preuve du contraire ! Il n'y a d'ailleurs aucune source sérieuse pour la prétendue « règle du 80/20 ».

Le message du 80/20 est donc simplement : pour être efficaces, soyez paresseux, visez 80% du but.

À propos de 80%… dans les métiers des data, 80% du temps est consacré à collecter et préparer les data. Qu'en conclure ? Selon mon expérience, deux conclusions ont leur part de vérité :

- Les professionnels des data sont des gens efficaces : s'ils y passent ce temps, c'est que 80% de la qualité de ce qu'ils livrent vient des data (plutôt que des modèles).
- Ils auraient besoin de conseils et d'outils dédiés à la collecte et la préparation des data, car c'est ce qui les ferait le plus gagner en efficacité.

Détecter des variations intelligemment : les data liées au temps ou à l'espace

97. Visualiser le temps

#DataAnalyst #Dataviz #Carte #Map #Timeline

Que font les *data scientists* quand ils traitent des *big data* comme les images, ou des données très qualitatives comme les mots du langage ? Ils les résument en quelques nombres, lisibles 1 par 1, accessibles au cerveau humain (Cf. points 95 et 96).

Mais **un nombre seul a rarement de sens. Ce qui lui donne sens, c'est une comparaison** (point 36) : comparaison dans le temps, l'espace physique ou un espace abstrait (gamme de produits, concurrence sur le marché…). Et ça peut faire beaucoup de nombres !

Rendre ces séries de nombres signifiantes pour un utilisateur, c'est le rôle des *data analysts* et des techniques de visualisation de données (*dataviz*). Leur Graal : **transformer une série de nombres en un unique signe** (visuel, sonore…).

Le sommet de leur art est sans doute le graphique dans lequel Minard, en 1869, présente les « *pertes successives en hommes de l'Armée Française dans la campagne de Russie* » :

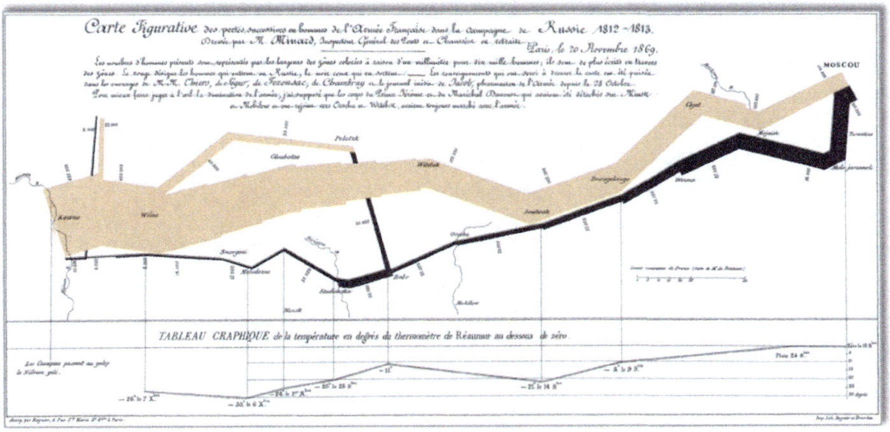

Il faut un moment pour y entrer, mais il est vraiment magique 🧙, **alignant les faits, l'espace et le temps** :

- La flèche du temps est horizontale,
- La couleur du graphique change avec le sens du trajet.
- L'axe des temps permet de rapprocher 2 variables : l'effectif et la température.
- Les nombres eux-mêmes - effectifs comme températures - sont mentionnés.
- L'auteur explicite, dans la légende, les principales simplifications qu'il a dû faire pour résumer l'historique compliqué d'effectifs dispersés dans l'espace, en une trajectoire sur la carte.
- … Et sur la même page, il indique ses sources !

➔ Les avis des auteurs modernes divergent sur la valeur de ce graphique (sans doute le meilleur de l'Histoire selon Edward Tufte ; trop compliqué selon Seth Godin). Une discussion sur ce billet de Jim Borden : https://jborden.com/2020/07/21/is-this-the-best-or-worst-graph-ever-drawn/

➔ Le cerveau humain attribue une signification aux formes géométriques simples bien plus efficacement que le cerveau du babouin, selon les recherches de Stanislas Dehaene et ses collègues https://www.college-de-france.fr/site/actualites/Les-humains-sont-dotes-dun-sens-unique-de-la-geometrie.htm

98. Expliquer un changement dans le temps : la méthode "voyez tout ce qu'on a fait !"

#SérieTemporelle #TimeSeries #Étiquette #Label

Vous connaissez sûrement cette courbe *made in* Sécurité Routière, largement reprise dans les médias et dans les stages de récupération de points.

Les tués sur la route constituent une série temporelle très longue — ici 43 ans, soit 516 valeurs mensuelles ! — mesurée de façon quasi-stable.

Ce graphique la résume en **un signe parfaitement lisible, sa diagonale descendante**. Ça baisse ! Depuis 1974 ! Bravo !

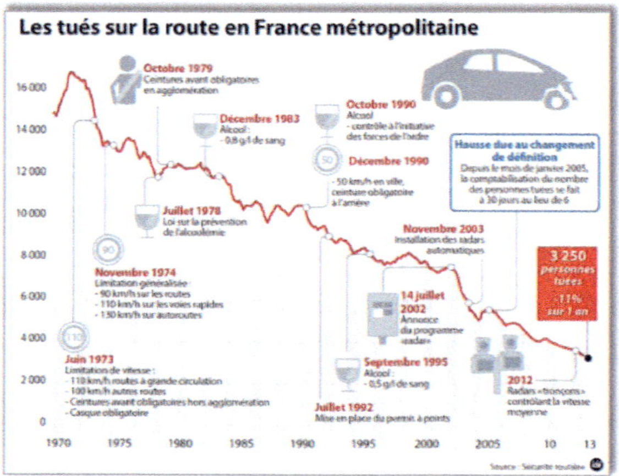

Ça baisse, grâce à quoi ? La Sécurité Routière fournit aimablement une explication, sous forme d'étiquettes racontant les mesures d'interdiction successives.

La courbe rouge à gauche est plus difficile à trouver ; j'ai dû la refaire moi-même.

Voir l'ensemble brouille le signe, soulève un doute…

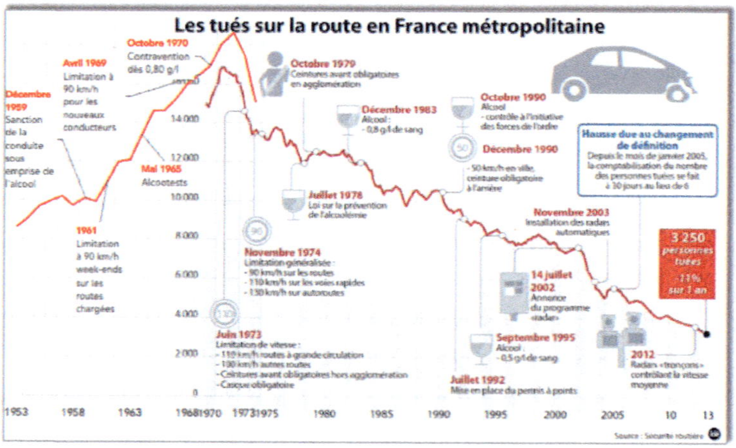

Regardez bien la courbe brique : vous voyez des fluctuations d'ampleur similaire autour d'une tendance stable, et aussi **2 baisses brutales, début 1973 et fin 2002… les deux bien avant les interdictions censées les justifier**. Ça ne passerait pas un comité de lecture ! Les mesures d'interdiction sont-elles efficaces ? Peut-être, certes ! mais ce graphique ne le prouve pas.

La Sécurité routière ment-elle ? Non, les chiffres et les faits présentés sont réels.

Tronque-t-elle sa *dataviz* pour orienter l'interprétation ? Oui.

Une tendance linéaire (régulière) a plein d'explications possibles, autant que d'évolutions qui ont lieu dans le même temps.

Mettre des étiquettes sur une tendance ne prouve rien 😌.

99. Prédire à partir d'une série temporelle, ça consiste à prolonger la tendance passée, et rien d'autre

#Tendance #Trend #Linéaire #Linear #Exponentielle #Exponential #Autocorrélation #Autocorrelation #Économétrie #Econometrics #ARIMA

Étiqueter une courbe de tendance constante avec des actions datées, ne prouve en rien que ces actions aient causé la tendance (Cf. point 98).

Ça nous laisse avec deux questions :

• comment **savoir ce qui cause** une évolution,

• comment **prédire** la suite d'une évolution ?

Je commence par la 2ème question, plus simple. On ne connaît que le passé. Donc la seule chose qu'on puisse projeter dans l'avenir, c'est une prolongation du passé. Avec **une hypothèse essentielle : que rien ne survienne qui rendrait le futur différent.**

- Une évolution a été **linéaire**, "300 tués de moins par an" ? On peut la prolonger aux années suivantes, simplement avec la fonction TENDANCE d'Excel.
- Une évolution a été **exponentielle**, "Triplement des cas de Covid tous les 5 jours" ? Pareil, prolonger est facile : sur une échelle logarithmique, cette évolution apparaît linéaire.

- Si une évolution est **autocorrélée**, c'est-à-dire que "la hausse des actions aujourd'hui fait celle de demain" ? Les modèles classiques d'économétrie (ARIMA) prolongent ça.

L'apport de l'intelligence humaine ne consiste pas à prolonger, c'est facile ; mais à évaluer si les conditions pour prolonger sont respectées ; si l'avenir peut ressembler au passé.

Que vante sa page Wikipedia de Christophe Barraud, vainqueur de nombreux classements Bloomberg de la meilleure prévision économique : des modèles mathématiques top secrets ? Non : son talent pour repérer le premier les **événements qui empêchent de prolonger**.

➔ De nombreux compléments dans les deux pages suivantes et, notamment sur l'exemple des débuts de l'épidémie de Covid-19 en France, dans la discussion en commentaires de https://www.linkedin.com/posts/lefebvre_tendance-linaezaire-exponentielle-activity-6795721928515629056-zjlt

100. Estimer des causes et effets sur une série temporelle, ça consiste souvent à la découper en périodes avant-après

#Causalité #Causation #Tendance #Trend #AvantAprès #BeforeAndAfter

Vous mesurez l'évolution de phénomènes A, B... dans le temps : en déduire que A cause B est super-dur. Même les immenses progrès de l'IA ont très peu amélioré ça.

Ça peut être faisable si B a changé une dizaine de fois de tendance un certain temps, constant, après que A ait changé de tendance, et dans le même sens : il semble alors plausible que A cause B. Ce genre de choses arrive dans le monde physique (trajectoires, météo), voire en finance… mais rarement ailleurs.

Il y a une situation plus fréquente et plus facile à traiter : la comparaison "avant-après". Après une campagne publicitaire, un confinement… La cause présumée, A, est alors une variable binaire. Le modèle consistera à supposer que la valeur de B observée sur une période où les causes sont constantes, est prolongeable à un avenir où elles seraient identiques. On estime donc l'effet de A par la simple différente entre valeurs moyennes de B avant et après.

Le principe est simple, mais le résultat est très sensible :

- à la façon de dater les périodes : situer les changements un peu plus tôt ou tard peut modifier beaucoup le résultat… donc, permet de le manipuler.
- à la durée : le résultat est très incertain si une période est courte, et très douteux si elle est longue (les causes restent-elles si constantes ? La variable binaire A suffit-elle vraiment à les résumer ?).

Une estimation d'effet basée sur une comparaison avant-après est donc à utiliser avec grand esprit critique !

Graphique :

"Estimating the effects of non-pharmaceutical interventions on COVID-19 in Europe", Samir Bhatt et al., 8 juin 2020

Fig. 1: Country-level estimates of infections, deaths and R_t for France, Italy, Spain and the UK.

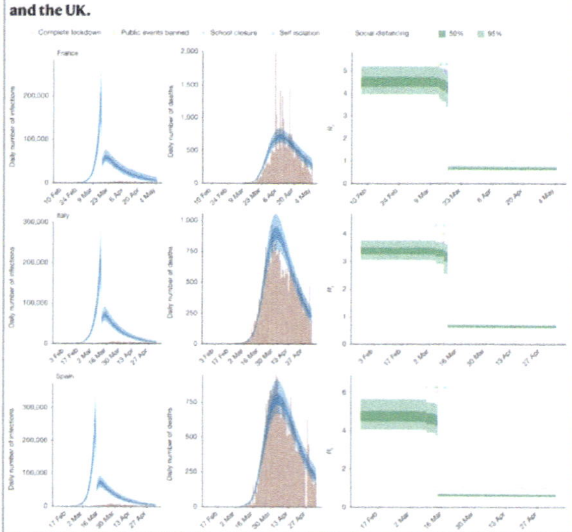

→ L'article dans Nature https://www.nature.com/articles/s41586-020-2405-7 dont est tirée la figure, produit par l'équipe de l'Imperial College à Londres, donnait la première estimation mathématique sérieuse de l'impact des mesures de restriction contre le Covid-19. Il a été critiqué dans le grand public pour la trop grande simplicité de ses hypothèses (par exemple, à niveau donné de restrictions dans un pays, le R est présumé constant — colonne de droite en vert). Mais au contraire, la fragilité de ses résultats vient de la trop grande flexibilité de ce modèle, au regard de la brièveté des périodes avec restrictions mais sans confinement (en gros la 2ème semaine de mars) : elle conduirait le modèle à sous-estimer l'efficacité des mesures autres que le confinement, Cf. https://www.nature.com/articles/s41586-020-3025-y. Certaines conclusions sont donc fragiles malgré la richesse des data (elles sont multi-pays, ce sont des statistiques publiques…) et l'ampleur des effets. Sur un sujet comme l'évaluation d'efficacité de la publicité, les data sont généralement bien plus déficientes que sur la santé… alors que dire de la fiabilité des évaluations dans ce domaine !

101. Prolonger à l'avenir les coefficients d'un modèle va plus loin que tirer un trait

#Modèle #Modèle #DataDriven #ModelBased

Le point 99 "Prédire à partir d'une série temporelle, ça consiste à prolonger la tendance passée, et rien d'autre" peut décevoir : prédire le nombre de cas de Covid consistait donc simplement à tirer un trait sur un graphique avec échelle logarithmique ?

Allons plus loin . Si je tirais un trait, c'était au nom d'un **modèle de la réalité** (approche *model based*[35]) : « une personne contagieuse transmet le virus à un nombre à peu près constant d'autres personnes (jusqu'à mutations du virus, immunité, etc.) : de ce fait, le nombre total de cas est exponentiel », ce qui légitime de tirer le trait sur le graphique.

Parfois, on a assez de données pour observer une **"tendance" stable et durable, qui, même sans modèle, donne envie de la prolonger (approche *data driven*)**. Par exemple, la température moyenne mondiale augmente de 0,02° par an depuis 50 ans : ça suggère qu'elle augmentera de 1° de plus dans les 50 prochaines années.

Mais **il y a quelque chose dont la stabilité est bien plus assurée que celle de cette tendance : les lois physiques et chimiques**… qui relient ensoleillement, composition de l'atmosphère et de l'océan, etc., avec les températures atmosphériques. Si on explicite ces lois (construction d'un modèle de la réalité, approche *model based*), les données historiques et des expériences en laboratoire pourront servir à chiffrer les coefficients des modèles. Ce qui permettra de prolonger ces modèles sur l'avenir, comme dans le cas du Covid.

Ainsi, des modèles publiés dès les années 70, donc basés sur peu de données, ont correctement prédit le réchauffement effectivement observé depuis[36] !

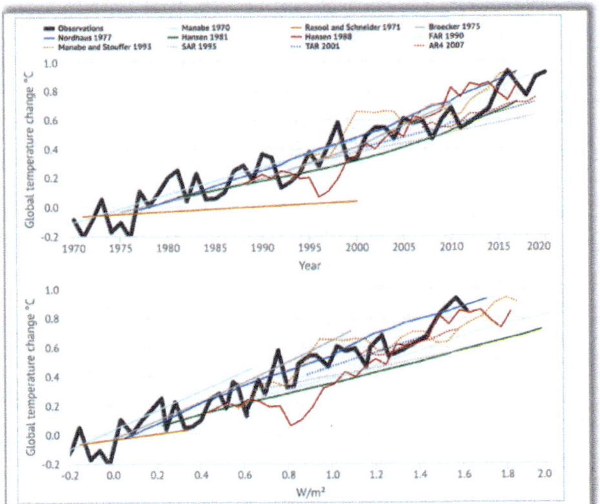

Figure 2—Observed surface temperature change (HadCRUT5 - black line) compared to climate model projections from the years after the model was published (colored lines). Adapted from Hausfather et al. *2019*[1].

Une prévision *model based* associe plus de connaissances et plus de data, et va ainsi plus loin.

---

[35] Le sens du terme « modèle » ici (modèle de la réalité physique) est différent de celui de modèle statistique ou de machine learning, et d'un troisième sens, le modèle de données (point 61).

[36] Un autre succès de l'approche *model based* pour le climat est de bien rendre compte de la période de *baisse* des températures dans les années 50-60, attribuable notamment aux émissions industrielles de soufre.

102. Y a pu d'saisons, ou y en a trop : désaisonnaliser

#Saisonnalité #Seasonality #Désaisonnaliser #SeasonallyAdjust #CVS

Prolonger dans le futur une constance observée sur le passé (une valeur, une tendance, les coefficients d'un modèle…), **c'est facile s'il y a des constances**.

Mais en vrai, tout tourne !

- L'environnement au rythme des nuits et jours, des saisons, des cycles solaires…
- Énormément de machines (moteurs, turbines…) suivent des cycles.
- Les data venant des humains (données sociales, économiques, enregistrement de tout phénomène par des organisations) fluctuent avec les heures du jour, le jour de la semaine, les durées de mois, les "heures pile", etc.

Ce problème… est général 😱. **Observer une constance demande donc de Corriger l'influence des Variations Saisonnières** (CVS).

Comment ? Deux grandes options :

- Le résumé brutal : sommer (ou moyenner) sur toutes les saisons. Travailler sur le CA annuel, la pluviométrie annuelle… Deux inconvénients : ça perd plein de data, et ça retarde, puisque la valeur la plus récente n'est pas utilisable telle quelle.
- Estimer l'effet des saisons, de façon à reconstituer des valeurs « désaisonnalisées ». On suppose souvent que l'effet est, soit additif (« il fait 7° de moins la nuit que le jour »), soit multiplicatif (« les ventes doublent en décembre »). On estime les coefficients, qu'ils soient additifs ou multiplicatifs, en comparant la série réelle… à son résumé brutal.

Détection de saisons, et désaisonnalisation, sont donc assez automatisables !

Facebook l'a fait… ou en a fait un bout, avec Facebook Prophet, qui "livre une prévision raisonnable à partir de données confuses, sans effort manuel." Promesse séduisante !

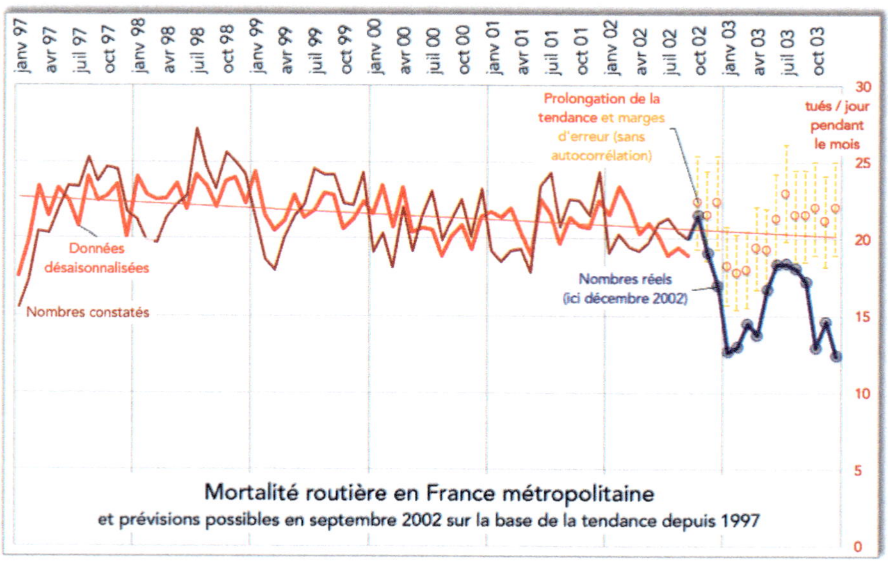

Mortalité routière en France métropolitaine
et prévisions possibles en septembre 2002 sur la base de la tendance depuis 1997

➔ Facebook Prophet (publié en 2017) https://facebook.github.io/prophet/ évalue et gère des saisonnalités additives sur l'année, la semaine et le jour, et un facteur "holidays" (américaines ?). Il est présenté dans l'article "*Forecasting at Scale*" (2018) : https://www.tandfonline.com/doi/abs/10.1080/00031305.2017.1380080.

103. Détecter une tendance et Détecter une anomalie

#AlerteIntelligente #SmartAlerting #DétectionDAnomalie #AnomalyDetection #Outlier #ValeurExtrême #DétectionDeRuptures #ChangePointDetection #FausseAlerte #FalseAlarm

Prédire, ça paye dans les domaines qui bougent vite, comme le trading haute fréquence !

Mais dans les autres domaines, la prédiction est stable trop longtemps pour avoir une valeur. Elle devient lieu commun, donc gratuite.

Alors comment apporter de la valeur ? En **alertant quand la réalité s'écarte de ce qui était prévisible**.

Étape 1 : calculer l'écart ; c'est la partie facile

Étape 2 : fixer un seuil au-dessus duquel l'écart sera dit anormal

- Soit à partir de connaissances "métier". Par exemple une règle comme : "la température est pilotée au degré près, donc un écart de 2° est anormal".
- Soit à partir de l'historique des écarts. Ils étaient tous entre -1 et +1° ? Un écart de 2° est extrême (*outlier*), et en ce sens anormal.

Pour l'étape 2, on peut faire mieux :

- **Détecter une anomalie même si elle ne produit pas de valeur extrême** mais p.ex. beaucoup de valeurs un peu trop hautes ; ce que fait un algorithme comme CUSUM …
- … **en tenant compte de l'inertie éventuelle du phénomène mesuré** : les mesures successives ne sont alors pas indépendantes les unes des autres ;
- Retrouver **l'instant de début de l'anomalie** (*change point detection).*

Mais la principale difficulté est ailleurs : ce sont les fausses alertes, qui abondent, car il y a (heureusement) bien plus de bugs dans les flux de data, que d'événements réels anormaux. Une détection d'anomalies est efficace si une grande part de ses alertes sont « vraies ».

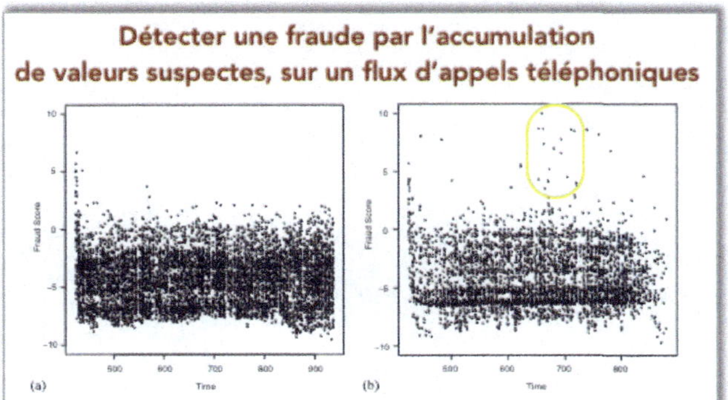

Fig. 2. Output of the AT&T fraud detection system for two telephone accounts investigated by the AT&T fraud center. No fraud was found on the account in panel (a). The account in panel (b) did suffer intrusion, but the date was not recorded. Time is in days since January 1, 1994.

Des valeurs élevées sur un score de détection de fraude peuvent être bénignes (cas a) ; leur accumulation à un moment donné doit donner l'alarme (cas b). Source Scott (2003) "A Bayesian paradigm for designing intrusion detection systems" https://doi.org/10.1016/S0167-9473(03)00177-4, citant Cahill (2002), "Detecting Fraud in the Real World"

➔ Ce post s'appuie sur les notions, distinctes, de valeurs extrêmes et valeurs aberrantes, Cf. points 41 à 43.

104. Lutter intelligemment contre la fausse alerte intelligente

#FausseAlerte #FalseAlarm #Robuste #Robust #Simulation

Des capteurs tracent l'état d'un bâtiment, d'un réacteur… et transmettent à un serveur. Des règles de calcul, "métier" et basées sur l'historique, font repérer qu'une variable prend une valeur anormale, et le serveur donne l'alarme à un veilleur. Mais, 95 fois sur 100, le veilleur s'emmerde en checkant.

Les fausses alertes, soit découragent de respecter les procédures, soit, si elles restent respectées, coûtent cher : « l'inondation d'alertes dégrade la performance industrielle »[37].

Si l'on détecte à tort une fraude, c'est pire : on bloque une transaction légitime, on met en cause un innocent… « Les faux positifs sont la plaie en détection de fraude »[38].

Comment rendre une alerte robuste ? Il y a des moyens !

- **Combiner plusieurs mesures** indépendantes : la combinaison de leurs valeurs sera sans doute différente si le phénomène est anormal (vraie alerte) ou si ce sont les data qui sont moisies (raison fréquente de fausse alerte).
- Garder **mémoire** de ces vraies et fausses alertes (ça manque souvent !) pour apprendre à distinguer ces combinaisons respectives.
- **Simuler** des pannes, des fraudes, pour générer des data ressemblant à des "vraies alertes" (on en manque très souvent !).
- **Combiner plusieurs règles** d'alerte, et suivre l'avis de la majorité.

Et suivre l'actualité, car c'est un domaine qui bouge !

Dans lequel le sujet le plus chaud, plus que les règles et algorithmes, c'est la qualité des flux de données, des données de référence et de leur gestion :

> *"In one fraud prediction example, simply merging inconsistent attributes before SVM model training improved true positive detection probabilities from 62% to 91%"*
>
> Sanjay Krishnan et al., 2015, cités par Galar et Kumar, *eMaintenance: Essential Electronic Tools for Efficiency*, 2017

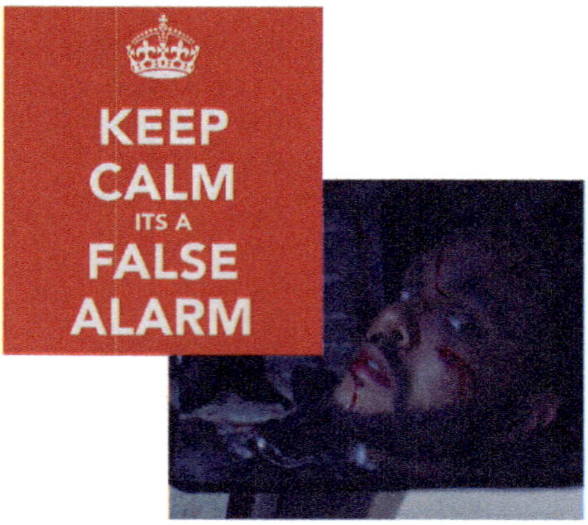

➔ Une très bonne revue des techniques statistiques à date (qui conclut : "*a comprehensive study on the critical steps of false alarm mitigation in the anomaly detection context is badly needed*") : Zohrevand et Glässer, 2020, "*Should I Raise the Red Flag?*", https://arxiv.org/pdf/1904.06646.pdf

[37] Peco Chacon et Garcia Marquez, "*False Alarms Management by Data Science*", https://www.researchgate.net/publication/330147545_False_Alarms_Management_by_Data_Science (2019)
[38] Wedge et al., "*Solving the false positives problem in fraud prediction using automated feature engineering*" http://www.ecmlpkdd2018.org/wp-content/uploads/2018/09/567.pdf (2019).

105. Le temps, ça situe bien, mais ça autocorrèle

#SérieTemporelle #TimeSeries #Autocorrélation #Autocorrelation
#BruitBlanc #WhiteNoise #ARIMA

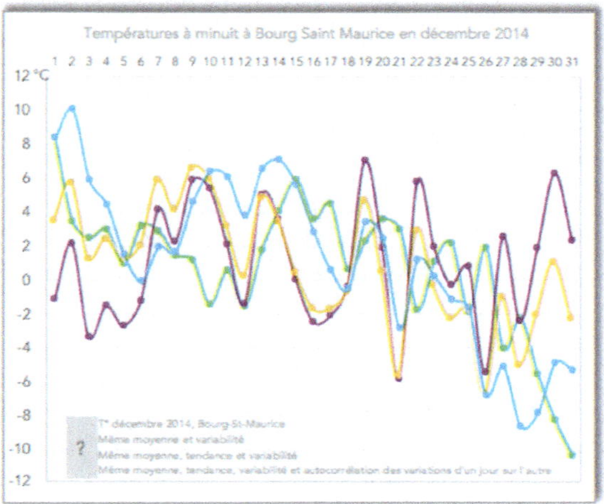

On voit mieux qu'une série de données évolue anormalement, si on reconnaît à quoi ressemble une évolution normale.

Voici 4 courbes de température. La vraie, et 3 simulations :

- Les 3 ont la même moyenne et la même variabilité entre jours que la vraie courbe ;
- 2 des trois ont aussi la même tendance d'évolution ;
- pour 1, chaque température ressemble autant à la précédente (autocorrélation) que dans la vraie météo[39].

Reconnaîtriez-vous la vraie des simulations ? Moi, j'aurais du mal !

Pourtant, **dans la vraie vie, l'autocorrélation nous est familière** : la température ne change pas "au hasard" d'un jour sur l'autre ; on arrive à anticiper sur 2 jours (malgré des surprises).

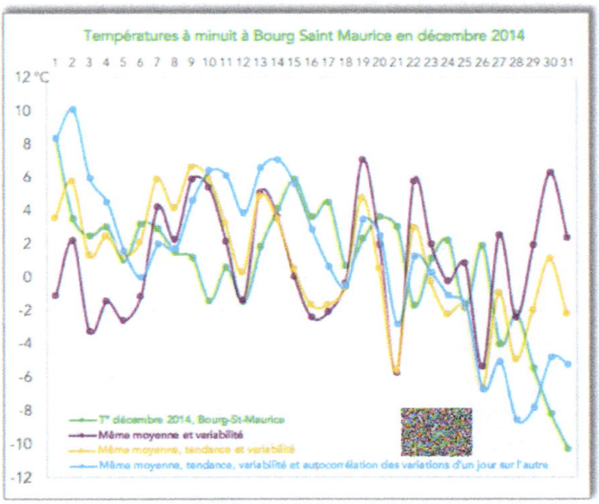

C'est tout aussi vrai pour les images. Vous voyez ci-dessous des pixels sans autocorrélation : ça ne ressemble à rien.

Un phénomène devrait généralement être continu dans l'espace comme dans le temps (autocorrélé), c'est à ça que servent espace et temps !

À cause de cela, **chaque point de donnée n'est plus "la valeur d'une variable pour un individu"** indépendante des autres variables et individus. Il n'est plus interprétable isolément.

Pour qu'il le redevienne, il faut **retraiter les data, en enlever tendance et autocorrélation** : après quoi des corrélations avec d'autres phénomènes pourront faire sens, voire être prédictives.

➔ Le retraitement des data évoqué au dernier paragraphe vise aussi à désaisonnaliser, Cf. point 102.

---

[39] Les 3 simulations utilisent les mêmes nombres aléatoires chaque jour (ce qui les fait se ressembler). Je les ai fait tourner plusieurs fois et ai retenu un cas où la série simulée autocorrélée ne part pas "loin" de la vraie ; alors que l'autocorrélation produit facilement des écarts croissants. Elle est simulée par moyenne mobile des deux points précédents + un aléa : c'est, dans la famille des modèles autorégressifs (ARIMA), le plus simple applicable à des températures (MA(1)).

106. Pour marcher ensemble à différents pas : des seaux et des stats

#Pas #TimeStep #Intervalle #Bucket #Caractéristique #Feature

Vous prendriez la température tous les combien ? Et la direction du vent ? Et la pluie ?

Pas toutes les secondes, en tout cas. Alors que pour les éclairs, il faut des mesures fréquentes.

En météo, **les phénomènes qui interagissent ont des échelles de temps différentes**. Et c'est tout aussi vrai en économie, en mécanique, en biologie, en marketing etc.,

Pourtant, tous ces phénomènes se déroulent dans un temps continu (contrairement à un jeu par tours) ! Que signifie ce terme d' "échelle de temps" ? Il renvoie à la durée typique de leur autocorrélation, de leur inertie ⌛. Comme on parle d'échelle en cartographie : on voit les autoroutes au 1 000 000ème, les calvaires au 25 000ème…

Un phénomène continu est enregistré forcément de façon discontinue, par une liste de valeurs associées à des dates. Avec quelle fréquence l'enregistrer ? **Plus souvent qu'il ne change**, donc un ordre de grandeur de plus que son échelle de temps.

Horodater la pluie à la minute a un sens. Pour des températures, ce serait de l'*overkill*. Un son, on l'enregistre des milliers de fois par seconde.

Pour corréler des séries dont les pas de mesure sont différents, on définit des intervalles (*buckets* 🗑) assez larges pour que chaque série ait des valeurs dans chaque bucket.

Si une série n'a qu'une valeur par bucket, c'est simple, on prend cette valeur.

Si la série a plusieurs points par bucket, cela permet de calculer, sur chacun, des statistiques (*features*) comme les valeurs min et max sur le bucket, la variabilité : autant de séries toutes porteuses d'information.

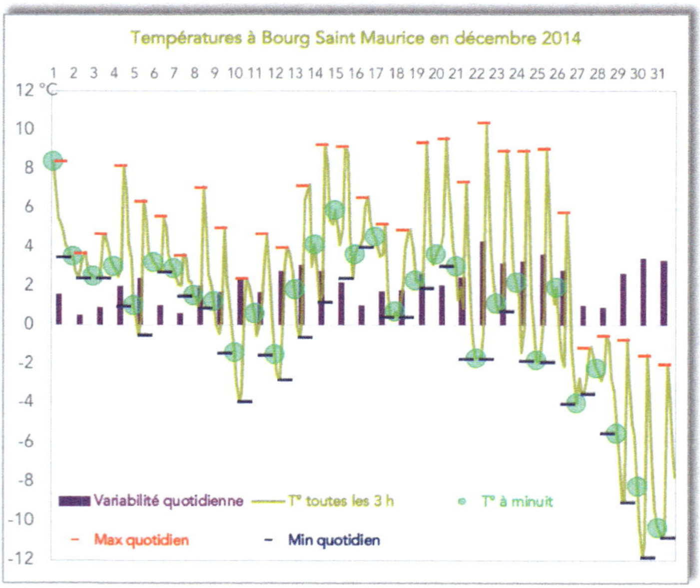

➔ Différentes séries déduites d'une même mesure sont a priori très corrélées entre elles ; leur maniement reste délicat.

➔ Enregistrer un phénomène continu plus souvent qu'il ne change… est parfois impraticable (cela demanderait trop de data), et un échantillonnage plus rare sera tout de même utile. Compléter par le point 108.

107. La méga-boîte à outils pour extraire de l'information de séries temporelles

#Caractéristique #Feature #Intervalle #Bucket #Fourier #SaxVsm #AnalyseTempsFréquence #SpectralAnalysis #Ondelette #Wavelet #CNN #Transformer

Sur un électrocardiogramme, l'intensité électrique instantanée est muette. La **forme de la courbe** pendant un battement complet du cœur parle plus.

La hauteur d'une note ou le volume sonore ne sont pas décelables dans une valeur instantanée de la pression atmosphérique ; ils proviennent des variations de cette pression.

Il y a plein de façons de tirer, d'une courbe brute, des caractéristiques (*features*) pertinentes sur un intervalle de temps (*bucket*, Cf. point 106) :

- Calculer **min, max, moyenne, pente**, etc. ;
- L'analyse **temps-fréquence**, de Fourier : image ci-contre ;
- Calculer les **délais** avant des changements prédéfinis ;
- Repérer **à quel instant dans l'intervalle** se produisent des changements de telle forme ou telle ampleur (détectés par ondelettes) ;
- Recoder des tranches de valeurs par des lettres (SaxVsm). La succession chronologique des lettres compose alors des "mots" traitables avec les outils de **traitement du langage**.

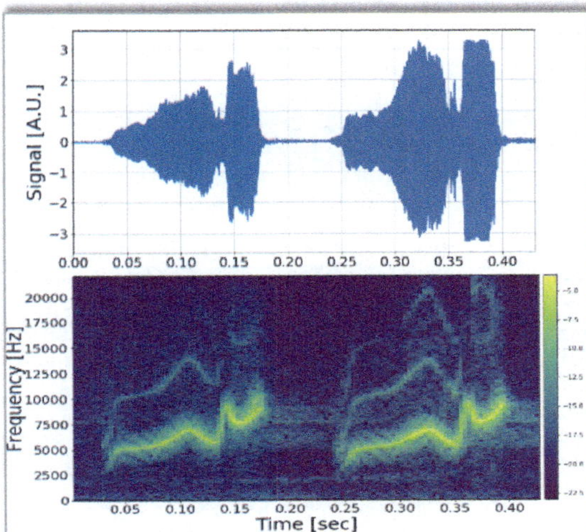

FIGURE 3: Encodage de l'information temps-fréquence du chant ("cui-cui") d'un oiseau par un spectrogramme : (haut) amplitude du signal enregistré au cours du temps ; (bas) spectrogramme du signal : densité d'énergie par unité de temps et de fréquence.

Les réseaux de neurones peuvent aussi découvrir d'eux-mêmes des *features* :

- si on leur a fixé des intervalles liés à des cycles ou saisonnalités du phénomène (CNN),
- ou en n'utilisant presque que l'ordre chronologique (Transformers).

S'il y a quelque chose dans les data, on doit le trouver !

➔ L'image est extraite de l'article didactique de Pierre Chainais (avec d'autres jolis exemples dont les ondes gravitationnelles), https://hal.inria.fr/hal-01837158/document

➔ Une présentation très claire de SAX-VSM, publié en 2013, à la mode les années suivantes, notamment en médecine, en un écran et un schéma https://jmotif.github.io/sax-vsm_site/morea/algorithm/SAX-VSM.html (Pavel Senin)

➔ Les CNN peuvent marcher sur des séries temporelles même sans cycles ou saisonnalités ; c'est l'approche la plus courante depuis ~2017 pour analyser la consommation électrique des logements (par exemple mesurée toutes les 2 secondes sur un compteur Linky), voir la revue de Patrick Huber et al., 2021 https://www.preprints.org/manuscript/202104.0421/v1

➔ Le Jukebox de OpenAI (2020) illustre l'utilisation de Transformers (et un peu plus) pour synthétiser des minutes de chansons de différents styles : https://openai.com/blog/jukebox/

108. Tracer une trajectoire, une évolution continue : enregistrer quand et quoi ?

#AcquisitionComprimée #CompressiveSensing #AssimilationDeDonnées #DataAssimilation

Si vous voulez tracer un phénomène, vous avez intérêt à enregistrer et stocker ses valeurs **quand il change vite**.

Sur l'emploi, une enquête tous les ans suffirait ; mais pendant la pandémie, une par quinzaine aurait servi.

Enregistrer le fonctionnement d'une machine est utile quand elle marche ; pendant qu'elle est à l'arrêt, il vous suffit d'un « KeepAlive » périodique confirmant qu'elle est à 0, que ce n'est pas un défaut de transmission.

Affinons : vous avez intérêt à **enregistrer et stocker les valeurs peu prévisibles,** suffisamment différentes de la valeur qu'on attendrait. Il y a une branche des maths pour formaliser cette idée : le *compressive sensing*.

Mais une valeur différente de celle qu'on attendrait… est souvent erronée ! Si les capteurs subissent des conditions variables, et s'il est impossible d'aller les vérifier rapidement (p.ex. en météo), à quel point croire la mesure et corriger le modèle prédictif ? Eh bien, il y a aussi des maths pour formaliser ça : la *data assimilation.*

Ces méthodes produisent **un ensemble de « données » retraçant le phénomène, qui ne sont plus du tout des mesures « brutes », mais combinent mesures et modélisation**.

• Par exemple, que diriez-vous de ces données de localisation que m'a fourni Google Maps ?

Indice : une seule des 9 est juste ; laquelle et pourquoi ?

➔ Le *compressive sensing* est plus large qu'indiqué ci-dessus. P.ex., il suggère de mesurer à des instants aléatoires et non périodiques (pour éviter d'être abusé par une périodicité du phénomène), Cf. point 35.

109. Les réseaux de relations, autre sorte de data projetables dans l'espace

`#Graphe #Graph #Lien #Link #Noeud #Edge #TableCreuse #SparseData`

Comment enregistrer le fait que des personnes soient, ou non, en contact/lien LinkedIn ?

Peut-on en faire une table avec des individus en lignes, des variables en colonnes ?

- Une ligne par individu `MM`, une variable `EtreEnLienAvecNN` par individu `NN` ? Cela ferait de l'ordre du milliard de colonnes : ça passera mal, que ce soit sur Excel ou en SQL !
- Une ligne par paire d'inscrits sur LinkedIn (`MM;NN`), et une seule variable binaire `SontEnLien` ? C'est plus pratique. On peut ajouter d'autres variables : de quand date le lien ? qui a invité ? voire l'historique des messages de `MM` à `NN`...

  Mais ça fait un milliard de milliard de lignes, c'est trop ! D'autant que 99,9999% de ces lignes contiennent juste un `0` indiquant l'absence de lien : ce sont des *"sparse data"* (littéralement des **données éparses** ; on parle plus souvent en français de « table creuse »).

Il est plus pratique de stocker les seules valeurs non nulles, sous forme d'une **liste des liens existants**. Chaque lien peut être caractérisé, par exemple par sa date de création :

```
MM;NN;01/01/2017
MM;PP;02/02/2018
etc.
```

Les individus en lien sont appelés **nœuds**, et eux aussi peuvent avoir leurs caractéristiques, comme la date d'arrivée sur le réseau :

```
MM;31/12/2016
PP;01/01/2018
...
```

Cette structure de base de données est dite "orientée graphe", car liens et nœuds peuvent très utilement être visualisés sur un graphe, dessinant un espace de relations proches ou lointaines.

Graphe des tweets publiés pendant 25h les 30-31 janvier 2020
contenant le terme « coronavirus »
(100000 tweets de 89690 auteurs)
Un noeud représente un auteur et/ou personne citée
Un lien représente la citation d'une personne par un auteur

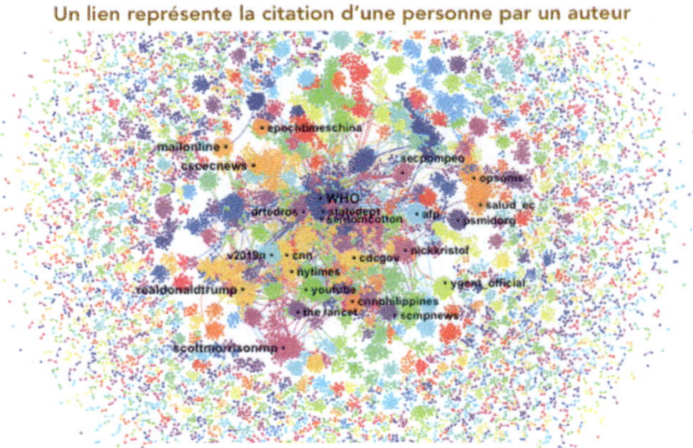

Détail de la figure 1 de Pascual-Ferrá et al., 2020

➔ Avez-vous trouvé la réponse à la question du point 12 ?

➔ Voyez-vous le rapport avec l'algorithme Edgerank évoqué au point 8 ?

110. Nos sens sont les chemins qui mènent droit à nos têtes (la dataviz sur une carte ou une timeline, ça frappe)

#Carte #Map #CarteDeChaleur #Heatmap #TimeLine #NuageDeMots #WordCloud

Deux cartes : l'Ouest de la France[40], l'Est des États-Unis[41].

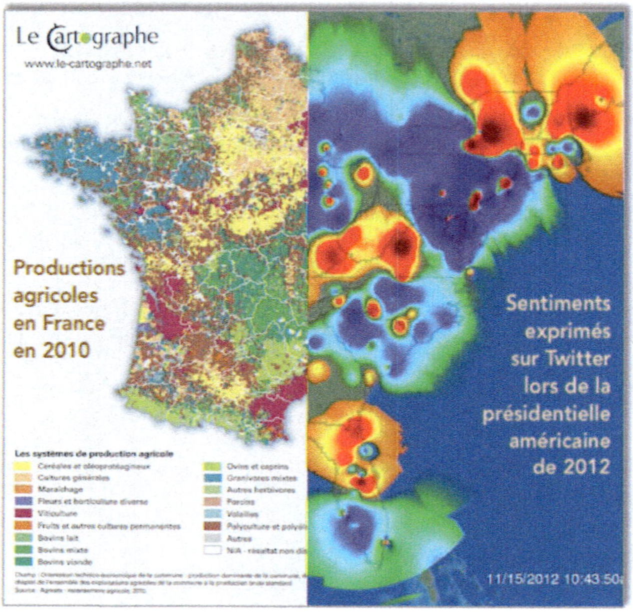

Laquelle préférez-vous ?

La France est plus belle 🙄, l'Amérique plus flashy. Quelle carte est la plus instructive ?

> *Dominique Boullier voit à droite « une heat map du plus joli effet. Que se passe-t-il alors pour tout esprit normalement constitué ? Nous cherchons à trouver du sens, alors qu'il n'y en a pas. Notre attention a été captée et cela suffit. Nous observons le vol des sentiments sur des cartes de chaleur. Wouaououou ! »*

Le graphe des citations entre auteurs de tweets (point 109) vaut-il beaucoup mieux ?

Les nuages de mots (*word clouds*) : y en a-t-il eu un qui vous ait appris quelque chose ?

Une courbe alignant des nombres sur un axe du temps, elle aussi, capte l'attention : le cerveau cherche une tendance 📉📈, une corrélation… avec d'autant plus d'ardeur qu'il n'y en a pas.

L'espace et le temps, pierre philosophale de la dataviz, changent des data quelconques en quelque chose qui semble avoir du sens.

Et parfois, ça en a. La production agricole est foncièrement attachée à l'espace physique de la carte d'Alexandre Nicolas « le Cartographe ». C'est pourquoi cette carte est de la 💣.

➔ Et pour une timeline ? Voir point 76. Le jackpot : une carte qui est en même temps une timeline ! Voir point 97.

[40] Carte de la production agricole : https://twitter.com/lecartographe/status/1320722603888226304 (20 octobre 2020)

[41] Billet de Dominique Boullier (18 juillet 2014) : https://opinionsentiment.hypotheses.org/44

111. Data décrivant des parcours : je déteste mais il en faut

#Parcours #Journey #Censure #CensoredData #BiaisDeSélection #SelectionBias
#AvantAprès #BeforeAndAfter #Survie #Survival

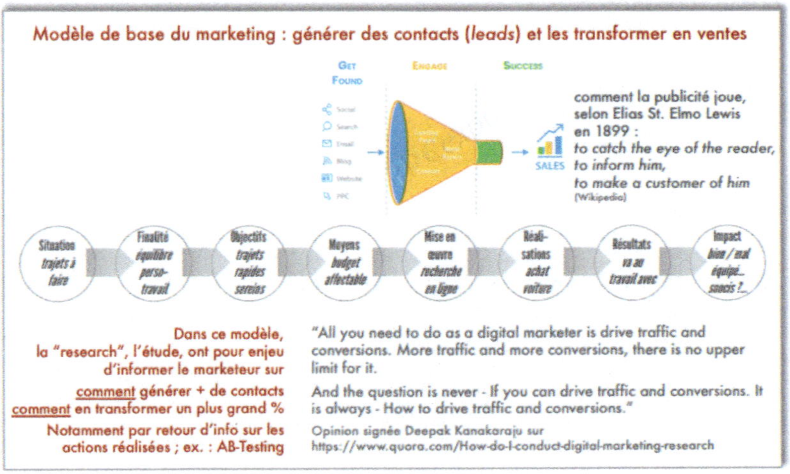

Qu'y a-t-il de commun entre "l'entonnoir marketing" du contact à la vente, ci-dessus, les fichiers de Pôle Emploi, Google Analytics, le comportement d'audience TV des panélistes Médiamétrie, ou les historiques d'assurance (primes, sinistres) … ?

- Ils décrivent des évolutions dans le temps…
- … à l'échelle individuelle sur un ensemble d'individus… changeant !
    1. changeant par nature,
    2. et parce que des data peuvent manquer…
    3. … et manquent plus pour les individus dans telle situation que dans telle autre.

La base de calcul est mouvante pour des raisons liées au sens du calcul. Les calculs sont de biais 😡. Je déteste.

Pour les remettre d'équerre, on peut **modéliser l'interaction entre base de calcul et résultat**. C'est ce que doit faire tout assureur pour estimer, face à une demande de devis, le risque de sinistre (alors que ses clients, dont il connaît les sinistres, sont une base biaisée). Mais un tel modèle n'apporte qu'une correction partielle, et au prix de maths un peu compliquées.

Une approche plus basique, mais qui marche souvent, de l'analyse de parcours :

1. choisir des périodes avant-après qui fassent sens, sans tricher,
2. expliciter qui est présent avant,
3. croiser les situations avant et après de ces individus présents avant, en les conservant tous dans la base de calcul, même ceux "perdus de vue" ensuite, car c'est ça leur situation 🤷 !

➔ Quelques jours après l'écriture de cette page, ContentSquare, spécialiste de l'analyse du parcours client, a levé 500 millions de $, record pour une start-up française ; ce qui la valorisait 2,8 milliards. Le sujet vaut l'effort !

➔ Sur la comparaison avant-après, Cf. point 100. Une approche symétrique du "avant…après", c'est "avant…délai" : à partir d'une date t°, combien de temps s'écoule avant un changement ? Moyennant une difficulté symétrique à celle du biais de sélection, celle des durées tronquées : à une date t, on n'a pu observer que les durées inférieures à t - t°. C'est **l'analyse des durées de survie** : https://www.datacamp.com/courses/survival-analysis-in-python

Mettre de la prédiction en production : défis et outils de la qualité

Tous les iPhones dont l'app Google Maps est ouverte, et tous les téléphones sous Android dont la fonction localisation est activée, envoient des data à Google.

Cela lui permet de calculer le nombre de voitures et leur vitesse sur chaque route à chaque instant.

Les autres applications GPS aussi informent sur la circulation, mais Google a un avantage : le nombre d'utilisateurs, la masse de données.

Google a enregistré depuis plusieurs années les évolutions de la circulation, sur chaque route. Cela lui permet de vous dire, pas seulement quelle est la circulation actuelle cent kilomètres devant vous, mais 'comment (Google) pense qu'elle sera dans une ou deux heures'.

D'après Tim Stenovec, citant Amanda Leicht Moore, chef de produit Google Maps, TechInsider, 18 décembre 2015, https://www.businessinsider.com/how-google-maps-knows-about-traffic-2015-11

Ingenuity : pourquoi la perte d'une seule photo a perturbé le 6e vol de l'hélico sur Mars.

Ingenuity s'est mis à osciller en vol : « Les capteurs embarqués ont indiqué que le giravion avait subi des mouvements en roulis et en tangage de plus de 20 degrés (...) et des pics de consommation d'énergie, » explique Håvard Grip, le pilote principal de l'engin.

C'est à cause de la perte d'une seule image photographiée par Ingenuity lors de son vol. Après 54 secondes de vol, un bug dans la chaîne de traitement des images fournies par la caméra de navigation a entraîné la perte d'un cliché et causé un décalage dans l'horodatage des photos suivantes.

« Chaque fois que l'algorithme de navigation effectuait une correction sur la base d'une image, il fonctionnait sur la base de données incorrectes sur le moment où elle avait été prise. Les incohérences en résultant dégradaient énormément les informations utilisées pour piloter l'hélicoptère, conduisant à des estimations constamment corrigées ».

La bonne nouvelle, c'est que cette défaillance n'a pas mis en péril Ingenuity. La Nasa [avait] eu la bonne idée de prévoir des marges [de] tolérance aux erreurs.

Julien Lausson dans Numerama, 28 mai 2021, reprenant le blog « Mars » de la NASA, https://www.numerama.com/sciences/714945-ingenuity-pourquoi-la-perte-dune-seule-photo-a-perturbe-le-6e-vol-de-lhelico-sur-mars.html, https://mars.nasa.gov/technology/helicopter/status/305/surviving-an-in-flight-anomaly-what-happened-on-ingenuitys-sixth-flight/

112. De la modélisation, au flux de data en production : anticiper le *data shift*

#Flux #Flow #Production #IngénierieDesDonnées #DataEngineering #Robuste #Robust #DécalageDeDonnées #DataShift #MLOPs

Partant de data existantes, un data scientist a construit un modèle qui leur fait (pré-)dire autre chose : l'identité de personnes sur la photo, les chances que l'internaute achète le produit…

Il a validé son modèle sur une partie des data, réservées à cet effet (données de validation) ; et retenu le modèle qui passait le mieux ce test[42].

Appliqué à de nouveaux cas, son modèle, peut marcher bien, ou mal… selon que la relation entre les data et ce qu'on veut prédire avec elles, est restée stable, ou non.

- Observe-t-on le même genre de cas ?
- La mesure (photo…) est-elle faite de la même façon ?
- Les règles de transmission, enregistrement… sont-elles les mêmes ?
- La "vérité" cherchée est-elle définie de la même façon ?
- Le nettoyage/filtrage de data extrêmes ou potentiellement aberrantes est-il fait pareil ?
- L'utilisation même du modèle affecte-t-elle le flux de data ? (en le tronquant, le censurant ?…).

Un service prédictif (un modèle passé en production) sera robuste à ces décalages si le data scientist les a anticipés, en constituant plusieurs jeux de données (sources différentes, nettoyages différents, etc.), et en retenant un modèle aux performances stables dans ces différents contextes.

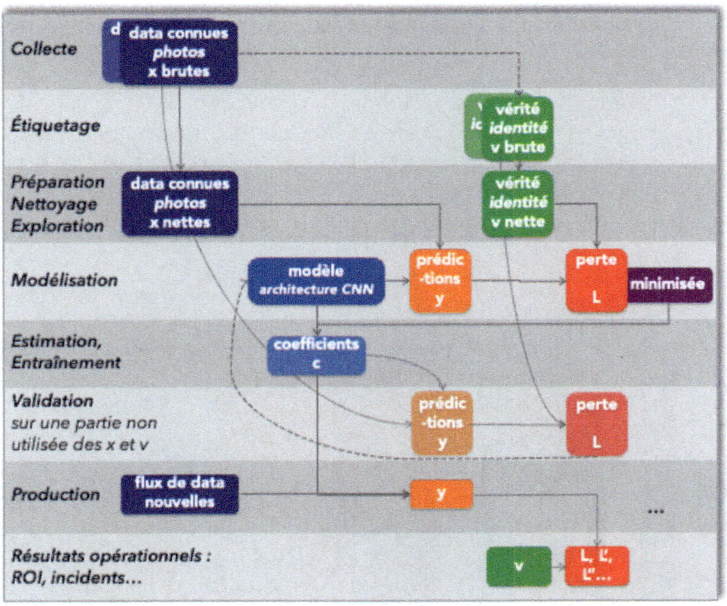

➔ Le *data shift* a été abordé sous un autre angle au point 34.

[42] Cette rédaction simplifie, en ne distinguant pas les données de validation (voir point 50 ; celles qui aident le modélisateur à choisir son modèle, flèche pointillée courbe sur le schéma) et les données de test.

113. D'un modèle qui marche... à faire marcher un modèle

#Pipeline #Production #DataEngineering

Appliquer un modèle à des data nouvelles comporte un risque de se planter (parce qu'elles sont nouvelles, donc différentes), mais c'est **simple en termes mathématiques / statistiques / ML**.

La phase précédente de *data science* - arriver à un bon modèle - aura demandé bien des tours et détours, avec, à chaque tour, des calculs complexes (inversion de grandes matrices de nombres) ou lourds (milliards d'estimations des coefficients d'un réseau de neurones).

Mais cela fait, on peut remiser l'attirail de modélisation.

- Un réseau de neurones s'utilise en une seule passe, « de gauche à droite » ;
- Le calcul de distances pour situer un cas dans une classification ne demande que quelques additions et multiplications. Idem pour une prédiction par régression, ou une localisation sur une carte d'ACP : de simples calculs de scores.

Un traitement de données, en production, est un pipeline de calculs simples 🦥.

Il est normalement possible de le réaliser en faisant circuler les données (les valeurs successives) toujours dans le même sens (le traitement se représente alors par un graphe orienté acyclique, *directed acyclic graph* ou DAG) ; et au sein d'un même système, ce qui est plus facile si tout est dans un même cloud.

Même dans ce cas simple, informatiquement, ça peut être chaud 🐆.

La performance opérationnelle d'un pipeline dépend de nombreux critères comme :

- l'absence de bugs critiques, notamment quand des valeurs imprévues se présentent à l'entrée des données,
- la vélocité / temps réel,
- l'interfaçage fluide entre systèmes et entre sources de data : cohérence de l'orchestration, basée soit sur l'enchaînement des traitements comme avec Airflow, soit sur la mise à jour des données comme avec Dagster,
- la lisibilité, la documentation, la maintenabilité, la gouvernance (voir points 28 et 67),
- etc.

C'est le métier des *data architects* et des *data engineers*.

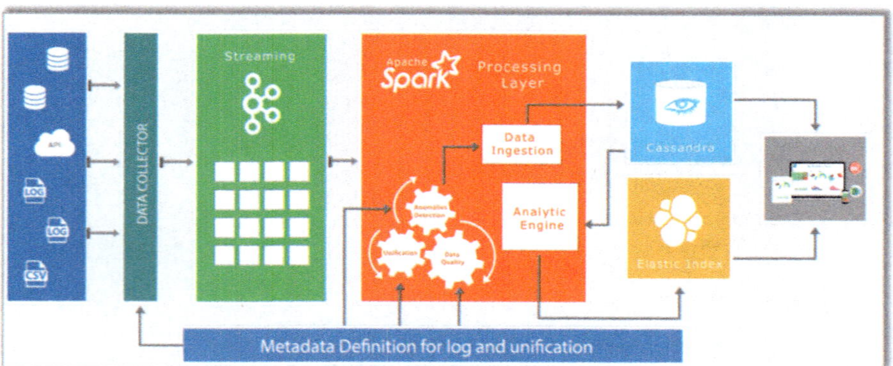

114. Pipe-line ➡️💥⬅️ Rétroactions

#Modèle #Model #Production
#Rétroaction #Feedback #BoucleDeRétroaction #FeedbackLoop #MLOps

1. À partir d'un descriptif de logement, modélisons les consommations d'électricité d'un ménage par usage (chauffage, froid, appareils ménagers, etc.).

Bien sûr, la somme des usages estime sa consommation totale.

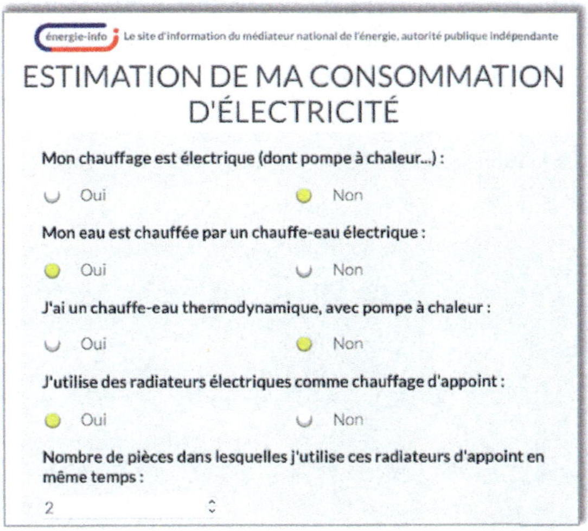
énergie-info Le site d'information du médiateur national de l'énergie, autorité publique indépendante

ESTIMATION DE MA CONSOMMATION D'ÉLECTRICITÉ

Mon chauffage est électrique (dont pompe à chaleur...) :

Oui Non

Mon eau est chauffée par un chauffe-eau électrique :

Oui Non

J'ai un chauffe-eau thermodynamique, avec pompe à chaleur :

Oui Non

J'utilise des radiateurs électriques comme chauffage d'appoint :

Oui Non

Nombre de pièces dans lesquelles j'utilise ces radiateurs d'appoint en même temps :

2

Extrait de https://calculettes.energie-info.fr/calculettes/estimation

2. Et si on a sa facture annuelle ? Cela améliore beaucoup les estimations des usages ! Mais au prix de calculs non linéaires (= plus compliqués que des additions et multiplications) pour assurer que le total fasse 100%.

Un ménage utilise le modèle **1**, et ça donne pile sa vraie facture : est-ce que le **2** donnera les mêmes résultats que le **1** ? Eh bien non, puisque les calculs diffèrent… Gênant !

Nous devons donc remplacer **1** par **1'**, qui :

1• estime les usages, donc le total ;

2• de ce total connu, déduit les usages.

Un jour, un client qui utilisait **1'** a corrigé son descriptif, ajoutant un appareil ménager. Et l'estimation de sa consommation a baissé. Vérification faite, il n'y avait pas de bug informatique 🤷. Le modèle non linéaire marchait mal sur ce cas.

Corriger aurait demandé trop de changements en production. Le défaut est resté.

Mettre un modèle en production le fige, le rend inapte à apprendre de ses erreurs. Les algorithmes manquent donc souvent d'une rétroaction de leurs usages.

➔ Ce manque de *feedback loops* est le sujet central du livre de Cathy O'Neil sur les algorithmes, préfacé par Cédric Villani en traduction française, https://www.arenes.fr/livre/algorithmes-la-bombe-a-retardement/

➔ Un cas plus sexy de remise en question d'un modèle par des cas où son résultat est absurde : le cas des modifications intentionnelles (*adversarial*) d'images pour tromper les algorithmes de reconnaissance d'image ; Cf. par exemple, de Anant Jain, https://towardsdatascience.com/breaking-neural-networks-with-adversarial-attacks-f4290a9a45aa

115. Pas de pipelines sans jonctions, et là il y a du taf

#API #Sérialisation #Serialization #Marshalling #Objet #Object #ContratDeDonnées #DataContract

Un pipeline est simple si le carburant circule toujours dans le même sens, et sans passer d'un tuyau à un autre. Mais pour capter des phénomènes, stocker ces data, les organiser, nettoyer, synthétiser, extraire… jusqu'à l'utilisation, il faut souvent plusieurs systèmes d'information :

• dans les uns, les data sont poussées par des événements, dans d'autres, elles sont tirées par des demandes ;

• les sources peuvent être diverses, à associer ;

• des propriétaires divers ne se transmettent que certaines de leurs data ;

• les rythmes vont de la milliseconde à l'année… etc.

Le flux passe donc par des jonctions (*sérialisation*).

Ce peuvent être des traitements très divers, allant d'envois de fichiers xml ou json (Cf. point 69) par des API, à la modification d'un classeur Excel… avec pour les data, une même question : passeront-elles ? intactes ? comprises ?

- Certaines data y perdraient leur sens (*non sérialisables*), p.ex. celles liées à l'état instantané du SI où elles vivent.
- D'autres ne sont pas à sérialiser, p.ex. un mot de passe.
- Certaines variables perdraient, lors de la sérialisation, leur description par leur SI : encodage, historique de validations, propriétés ou restrictions d'usage (p.ex. comme objet Java)… Encadrer la sérialisation par un **contrat de données** 🤝, décrivant les data sérialisées, permet que cette information soit transmise.

➔ Une explication assez pédagogique sur Wikipedia en français, https://fr.wikipedia.org/wiki/S%C3%A9rialisation ; plus technique et précise en anglais https://en.wikipedia.org/wiki/Serialization, à lire donc dans cet ordre !

➔ Les contrats de données sont bien expliqués sur le site de Microsoft (sur le cas de .net) https://docs.microsoft.com/en-us/dotnet/framework/wcf/feature-details/using-data-contracts

➔ Les jonctions créent un paradoxe : les informaticiens utilisent des structures de données précisément spécifiées (objets hiérarchisés), alors que les data-people s'échangent de simples chaînes de caractères (json, xml…). Un post de Kyle Schmidt discute ce paradoxe : https://www.linkedin.com/posts/kylealanschmidt_dataengineering-data-softwareengineer-activity-6793038541954916352-Q5mY. Cela plaide pour l'utilisation d'objets simples https://en.wikipedia.org/wiki/Plain_old_Java_object

116. Fiabilité des data : mémo

#Intégrité #Integrity #Propriété #Ownership #GestionDesDonnées #DataManagement

Les systèmes d'IA associent du code (qui comprend des modèles et des algorithmes) et des data. Systèmes IA = Code + Data. Quand un système marche mal, dans beaucoup de cas en pratique, il est plus efficace de se concentrer sur l'amélioration des data.

Andrew Ng, 2021

Comment obtenir des data fiables ? J'ai demandé à Google, et Google s'est moqué de moi : ça part dans tous les sens (essayez, vous verrez). *My 4+4 cents*:

1• Data "fiables" signifie "**fidèles**" aux réalités qu'elles sont censées tracer.

2• La fiabilité qui importe est celle de l'ensemble code+data, fonction de l'usage qui en est fait. Certaines data conviennent à certains usages : l'utilisateur cherche la **pertinence**.

3• Mais quand on collecte et organise des data, on ignore souvent ce qui en sera fait. "Fiabilité" signifie alors : convenir à **beaucoup d'usages futurs** (idée des *data products*).

4• La fiabilité des data en bout de chaîne, à l'usage, est celle du **maillon le plus faible**.

⇒ Moralité : équilibrer l'effort de qualité sur toute la chaîne, ce qui donne les 4 critères ci-dessous. Et avoir un feedback de la réalité lors des utilisations ! (Cf. point 114).

Que les phénomènes observés soient l'essentiel des réalités à tracer : **couverture**	Que la mesure soit fidèle aux phénomènes : **intégrité**	Que son codage soit conforme aux contraintes des outils de transmission, stockage, requêtage : **conformité**	Que les data se prêtent aux contrôles, filtrages, réorganisations, qui les feront convenir à tel usage spécifique : **appropriabilité**

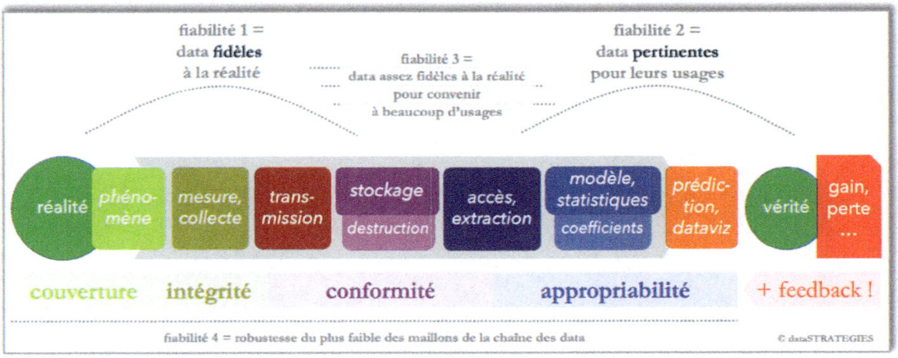

Data cleaning [requires by nature] examining and searching through raw data, which may be restricted in some domains including finance and medicine. An important challenge will be to reconcile the need for data provenance, access to unaggregated data, and privacy.

Chu, Xu, Ihab F. Ilyas, Sanjay Krishnan, et Jiannan Wang. "*Data Cleaning: Overview and Emerging Challenges*". 2016 International Conference on Management of Data - SIGMOD '16.

➔ La citation d'Andrew Ng est résumée de https://read.deeplearning.ai/the-batch/issue-84/, 24 mars 2021

➔ Les 4 premiers critères s'inspirent de cet article EDF R&D / AI&DATA sur le *Data Quality Management* (DQM) : https://people.irisa.fr/Virginie.Thion/Publications/2007/Direct_Marketing_News_360_du_14102007.pdf (2007). Pour élargir : Wikipedia "data integrity", "donnée" (français), "Reliability_(statistics)", "Intégrité_(cryptographie)".

Travailler dans les data : ça peut être des métiers pour vous !

117. En aval : les data analysts

#DataAnalyst #Analytics #TableauDeBord #Dashboard #BusinessIntelligence #BI #SQL

« Data analyst » est un faux ami, car les data analysts analysent rarement. Leur travail consiste plutôt à synthétiser des flux d'information internes aux systèmes de l'entreprise, sous forme de tableaux de bord lisibles par des utilisateurs « métier » ou en direction générale : tableaux de bord mis à jour fréquemment (voire temps réel), généralement interactifs.

Le travail des data analysts est donc assez visible de nombreuses direction, donc sensible dans l'organisation : ils doivent leur faire passer les informations pertinentes, attirer leur attention sur l'essentiel, y compris avant de savoir ce qui s'avérera important, puisque les chiffres évolueront en continu. Et garantir l'accessibilité, sans bug, de leurs tableaux de bord.

Les technologies de ces tableaux de bord (la *business intelligence,* BI) est mûre, avec de nombreux outils concurrents : PowerBI, Tableau, Looker Studio, Qlik, etc., qui partagent un même vocabulaire et une même organisation ; elle devient ainsi une culture commune à la gestion de nombreux secteurs d'activité.

Cette information d'affaires fait l'objet de peu de modèles au sens mathématique (celui de la modélisation de la météo ou du climat) : ce sont donc plutôt les écoles de management qui forment des data analysts. Dans leur tronc commun : les médias sociaux, la culture digitale, les modèles d'affaires et l'économie des data, le marketing basé sur les data. Du "comportemental" : leadership, communication… Et de l'informatique : SQL et bases de données relationnelles, visualisation des données et outils BI.

Vous voulez voir vite à qui et à quoi servent vos calculs ? Ça peut être un métier pour vous !

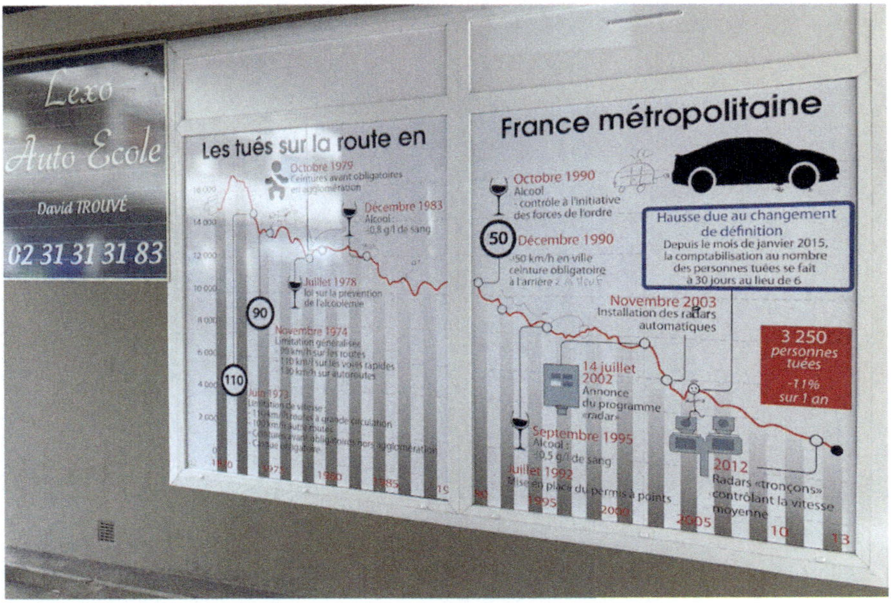

118. Le cœur scientifique : les data scientists

#DataScientist #Modèle #Model #Algorithme #Algorithm

Typiquement, un·e data scientist utilise des masses de data individuelles (sur des clients, des photos, des mesures…) pour fixer les coefficients de modèles. Ces modèles

- seront les moteurs de produits fondés sur les data, à l'image de la météo, de Google Maps ou des réseaux sociaux ;
- ou seront interprétés par des humains, à l'image du changement climatique, de cartes de la biodiversité ou d'études sur la propagation des fake news.

Les data scientists, ingénieurs au sens français du terme, combinent démarche de projet, autonomie en informatique et culture scientifique.

Ils vivent dans les algorithmes : ceux des modèles qu'ils utilisent et affinent ; ceux des produits qu'ils élaborent, ou plutôt qu'ils prototypent ; ceux qui donnent un accès pratique et stable aux data.

Les cursus de data science associent des disciplines récentes comme l'apprentissage profond (*deep learning*), la modélisation des systèmes et la simulation, à des enseignements éprouvés depuis des décennies : statistique et probabilités, optimisation, chaînes de Markov et modèles stochastiques … Et à la programmation Python et R.

Vous voulez faire des découvertes ? Ça peut être un métier pour vous !

119. Le cœur informatique : les data engineers

#DataEngineer #Informatique #BigData #NoSQL #Cloud #MLOPs

Typiquement, un·e ingénieur·e des données (data engineer) a pour mission de mettre des flux massifs de data, en bases ou lacs de données, à la disposition d'usages définis... ou prévisibles : data science, requête directe par des utilisateurs, échange de data entre systèmes, etc.

Parmi les métiers de l'informatique, c'est le plus exposé aux vagues du monde extérieur, qui envoie ces flux de données... et les flots de requêtes à servir.

Les technologies informatiques Big Data suffisent à remplir un programme d'enseignement supérieur : cloud computing, informatique distribuée et calcul à haute performance, réseaux et sécurité informatique, capteurs et middleware de l'internet des objets, représentation des connaissances et bases de données (relationnelles ou noSQL), text mining et web sémantique, gestion et traitement de données complexes comme l'image et la vidéo,... y compris leur utilisation finale en IA.

Depuis ~2020, le terme de data engineering est souvent utilisé en rapport avec l'ensemble du cycle de vie des data, et son évolution après la phase de conception (MLOps / DataOps).

Vous voulez que les data contribuent à faire marcher le monde ? Ça peut être un métier pour vous !

120. En amont et encore à formaliser, le data wrangling

#Conformité #Compliance #MLOPs #Actuariat #ActuarialServices #Biométrie #Biometrics

Le point aveugle des formations à la data science, au data engineering ou à la data analyse, qui occupe pourtant tout l'espace-temps des professionnels de ces métiers, ce sont les data.

Il en faut. Qui les fournira ? Qui concevra et déploiera des capteurs, des enquêtes, qui connaîtra ces data comme le jardinier ses plantes, qui saura ce qu'on peut espérer d'elles et veillera sur elles ?

Cette mission, prenante et décisive (ce qui est perdu l'est sans remède !) est souvent traitée comme un à-côté d'autres métiers (télécoms, statistiques, marketing…), à expédier vite fait, trivial, bas de gamme.

Pourtant, l'artisan des data, le "data wrangler", trouve une reconnaissance dans le milieu dont relèvent ses data. "Actuariat" en assurance, "biométrie", "méthodologie statistique" à l'INSEE… désignent l'expertise à la fois d'un secteur et de ses data.

Et il existe des formations spécialisées de ces secteurs qui incluent le droit et l'éthique des data, la programmation Python ou R, les outils big data noSQL, la visualisation et l'exploration de données.

Vous voulez devenir l'expert qui apporte à tout un secteur ses informations-clé ? Ça peut être un métier pour vous !

Merci à vous !

Pour arriver à ces 120 points, il aura fallu bien des étapes et des sollicitations.

J'avais eu le plaisir d'écrire des chapitres d'autres manuels sur les data à la demande de collègues plus expérimentés et éminents — Yves Rickebusch pour Syntec-Études, feue Françoise Frisch avec de nouveau Syntec-Études et Dunod, Burt Perrin du groupe INTEVAL.

Mais vers 2015 j'ai appris que *data science* ne voulait *pas* dire « science des data »… et j'ai réalisé qu'il y avait là une science manquante, et des techniques à capitaliser.

N'arrivant pas à démarrer, j'ai trouvé l'aide de Raphaël Ader-Éveillard, avec qui j'ai pu écrire, en 2018, quelques chapitres. Malgré sa finesse, le résultat était décourageant : des pages à expliquer que c'est compliqué, qu'il y a plein de pièges, de cas particuliers… Le discours d'un artisan qui se cacherait à lui-même qu'il n'a pas su formaliser son savoir-faire.

Christophe Darmangeat et Philippe Moati, de l'Université Paris 7 Diderot, m'ont proposé mi-2019 d'assurer un cours de « Données numériques » dans l'option « Data » qui s'y créait. J'ai saisi la balle au bond, certain que cela m'obligerait à écrire ce qui serait le manuel du cours. Je suis arrivé à une liste de points, qui correspond en gros aux deux-tiers centraux du contenu actuel. Mais je les ai traités à l'oral, sans écrire grand-chose ; sinon, en 2020, le plan détaillé d'un ouvrage de 120 fiches, censées éviter le verbiage artisanal. Il n'y avait plus qu'à…

Il a encore fallu l'épidémie de Covid, le confinement, une baisse marquée des demandes à mon cabinet, et mon adhésion au groupe « Social selling » de l'association XMP-Consult, animé par Laurent Quivogne, pour avoir l'idée qui débloquerait tout : traiter ces 120 points en 120 posts quotidiens sur LinkedIn. Ce qui fut fait, de mi-janvier à mi-mai 2021.

L'écriture m'a demandé bien plus de temps que prévu (croyant savoir tout ça et n'avoir qu'à jeter sur le clavier…). Les réactions, les critiques surtout, des contacts et ami·e·s sur le réseau ont été précieuses sur le fond, et m'ont encouragé à persévérer. Parmi les lecteurs les plus attentifs et stimulants, merci à Laurent lui-même, Yannick Feillens, François Charton, Redha Moulla, François-Xavier de Thieulloy, Sébastien Boyer, David Cousquer, Jean-Philippe Guillard, Diouldé Chartier-Beffa. Merci à Diouldé et à Luc Terral pour m'avoir permis de reprendre des éléments de travaux réalisés dans leurs équipes, sur Net-conversations et à HomePulse. L'étude à la base des 4 derniers points sur les métiers, a été réalisée avec Mary Le Gardeur. Je devrais évoquer de très nombreux collègues et enseignants sur ces 30 dernières années ; certains sont cités au long des 120 points (sans doute plus que certains auteurs de référence sur le sujet ! et qui se seraient imposés dans une rédaction plus académique). Parmi ceux qui ne sont pas cités au fil du texte, je dois d'avoir découvert certaines des notions, ou d'en avoir compris l'usage et la portée, à Roland Besnaïnou, Odile Cohu, Jean-François Hochedez, Philippe Tassi, Romain Benassi, Grégory Baral-Baron, Mathias Herberts, Christian Frisch, Étienne de Rocquigny, Édith Vassaux…

L'orientation vers la Normandie, donc les photos des dernières pages, doit tout à Adèle, qui a aussi vaillamment supporté les manies d'écriture matinale ou nocturne de son mari.

Les étudiant·e·s de « Données numériques » à l'automne 2021 ont essuyé les plâtres et considérablement débogué ce texte. Ceux de l'automne 2022 ont trouvé de nombreux autres plâtres à essuyer et permis de livrer cette édition 2023. Grand merci à elles et eux.

Les erreurs et simplifications abusives restantes sont de ma seule responsabilité, mais je vous remercie d'avance, lectrices et lecteurs, de votre *feedback* pour les repérer et corriger !

Frédéric Lefebvre

Références, liens et crédits pour les images

Figurent ici les références, liens, crédits non directement mentionnés en légende ou dans l'image elle-même.

Points 8, 14, 32, 41, 42, 78, 114 : réutilisations de travaux réalisés avec HomePulse, avec son autorisation.

44, 80, 83 : réutilisation de travaux réalisés avec Dcap Research, avec son autorisation.

3 : https://sti.epfl.ch/fr/des-capteurs-pour-etudier-les-flux-de-pietons-en-gare-de-lausanne/

4 : revue Variances des anciens élèves de l'Ensaé, https://www.ensae.org/revue/v46.pdf

5 : https://commons.wikimedia.org/wiki/File:Schlagwortkatalog.jpg

7 : en haut, extrait d'infographie Le Parisien / Jean-Gabriel Bontinck, sur https://www.leparisien.fr/seine-saint-denis-93/les-inegalites-sociales-se-creusent-en-ile-de-france-03-06-2019-8084961.php (3 juin 2019) ; en bas, reproduction provenant de la New York Public Library, sur le billet de Sandra Rendgen https://visionscarto.net/charles-joseph-minard-cinquante-cartes (3 mars 2016).

10 : texte créé par l'auteur avec la police Joscelyn sur https://psb1558.github.io/Joscelyn-font/

11 : image trouvée avec la recherche Google « neural networks deep learning stochastic gradient descent » ; elle illustrait l'article "*How randomness can protect neural networks against adversarial attacks*" (Ben Dickson, 2019) sur https://bdtechtalks.com/2019/08/20/ai-adversarial-examples-hierarchical-random-switching/ ; selon tineye, elle se trouvait en mai 2017 sur www.thinkstockphotos.ca/royalty-free/space-vehicle-pictures.

13 : image sur cet article de Patrick Peccatte qui décortique les versions successives dessinées par Hergé (qui peut inspirer un parallèle avec la façon dont l'IA est imaginée, représentée, dans la société d'aujourd'hui). https://dejavu.hypotheses.org/5602

18 : photo et schéma de rétine : cours de SVT de 1ère d'Alexis Renoir, lycée Anita Conti, Bruz (35), 2017.

28 : image tirée du clip des Inconnus, « C'est toi que je t'aime », https://www.youtube.com/watch?v=DPnk1H1m7Cs

34 : source http://www.tylervigen.com/spurious-correlations

40 : source Wikipedia

43 : thèse de doctorat en écologie des communautés de Charlotte Bigard, image p. 3, https://tel.archives-ouvertes.fr/tel-01845335/document

47 : montage de l'auteur ; source trouvée via le blog de Rachel Lea Ballantyne Draelos https://glassboxmedicine.com/2019/10/06/cnn-heat-maps-gradients-vs-deconvnets-vs-guided-backpropagation/

55 : post de David Karlton : https://www.karlton.org/2017/12/naming-things-hard/

58 : GIF repris à de nombreuses reprises sur internet, basé sur un clip des Inconnus.

59 : la gravure, de Jules Huyot d'après Adrien Moreau (1893), vient de https://utpictura18.univ-amu.fr/GenerateurNotice.php?numnotice=B5109

61 : https://memegenerator.net/user/2158427

66 : Wikipedia, page “*Star Schema*”.

67 : la carte est celle de la boucle de la Cavée, 6 km au départ d'Argenteuil : https://tracedetrail.fr/fr/trace/trace/143568

68 : l'image de cocotte est de "Anne avec 10 doigts" http://avec10doigts.eklablog.com sur pinterest : https://www.pinterest.fr/pin/553098397986492614/

77 : image d'un produit de marque KeepAlive, actuellement non disponible à la vente sur Amazon.

79 : La photo a été publiée sur le billet du prêtre exorciste Dominique Auzenet "La confusion entre for interne et for externe, et les abus de pouvoir spirituels", au paragraphe sur les dérives sectaires https://sosdiscernement.org/la-confusion-entre-for-interne-et-for-externe-et-les-abus-de-pouvoir-spirituels/ ; il y a une publication antérieure de cette image sur tineye, mais j'en ignore la source primaire ; sans doute une fiction, mais ne pouvant le vérifier, j'ai masqué les visages reconnaissables !

80 : design Fanny Lefebvre-Naré, dessins Ben Chartier

85 : rouleau mortuaire à la mémoire de Vital de Savigny, décédé le 16 septembre 1122 selon Werner Robl, http://www.robl.de/abaelard/060020rotel.htm d'où provient la photo (on y trouvera une retranscription et une traduction française partielle). Le passage sur l'image a été écrit à l'abbaye d'Argenteuil fin 1122 / début 1123, plausiblement par Héloïse, encore dans le deuil de son abandon par son mari Pierre Abélard.

87 : source Actualitté, https://actualitte.com/article/47961/insolite/les-incipit-les-plus-fameux-de-la-litterature-sur-cartes-perforees

88 : extrait d'un livre du marquis de Fortia d'Urban (1839) sur la correspondance de Hugues Métel (XIIème siècle). Hugues Métel félicite Héloïse pour avoir "dépassé son sexe" (*sic*) notamment "*nova junctura verba notando*". Fortia d'Urban traduit "en imaginant une nouvelle notation pour joindre les mots", et poursuit : "Métel donne dans sa lettre l'exemple de cette nouvelle notation dans les vers suivants, adressés aux religieuses du Paraclet" dont Héloïse ; ce sont les vers sur l'image. Source Google Books. Cette traduction de Fortia d'Urban est douteuse selon Constant Mews, spécialiste d'Héloïse (comm. privée). Il faudrait le manuscrit de Métel pour vérifier que Fortia d'Urban n'a pas embelli en ajoutant les }.

89 : détail d'une photo du Keizersgracht, Amsterdam — Massimo Catarinella, postée sur Wikipedia, sous licence Creative Commons.

91 : "*Image compression using JPEG*" (licence Creative Commons), du Computer Science Field Guide de l'Université de Canterbury, Nouvelle Zélande https://csfieldguide.org.nz/en/chapters/coding-compression/image-compression-using-jpeg/

91 : tutoriel de Sovit Ranjan Rath sur la visualisation des filtres de réseaux convolutifs (CNN) https://debuggercafe.com/visualizing-filters-and-feature-maps-in-convolutional-neural-networks-using-pytorch/

92 : cette image et des variantes circulent depuis 2008 selon tineye ; je l'ai trouvée dans le cours très illustré de Nicolas Lomenie, "Vison par ordinateur : 3D en mouvement", http://helios.mi.parisdescartes.fr/~lomn/Cours/CV/SeqVideo/Seq2.pdf, et légèrement retouchée.

94 : image de gauche : "*Subjectivity and complexity of facial attractiveness*" (Miguel Ibanez Berganza et al., 2019) https://www.nature.com/articles/s41598-019-44655-9

94 : image de droite : illustration des possibilités des réseaux (de neurones) antagonistes génératifs (GAN), source Indico Research et Facebook AI Research, 2015, sur

http://www.dailymail.co.uk/sciencetech/article-3346683/What-computers-think-HUMANS-look-like-Neural-network-learns-create-bizarre-pictures-people.html

95 (pays et capitales) : crédit Google, trouvé dans des documents de 2020.

95 (visages) : crédit Nvidia, extrait d'une publication de 2018, v3 le 29 mars 2019 https://arxiv.org/pdf/1812.04948.pdf (Karras, Laine et Aila), et de son illustration sur Techcrunch le 13 décembre 2018 https://techcrunch.com/2018/12/13/these-face-generating-systems-are-getting-rather-too-creepily-good-for-my-liking/

96 : Google Images

97 : Wikipedia https://upload.wikimedia.org/wikipedia/commons/2/29/Minard.png

98 : Observatoire National Interministériel de la Sécurité Routière. Cette courbe est publiée à de très nombreux exemplaires, Voir par exemple en 2014 dans Sud-Ouest : https://www.sudouest.fr/2014/01/20/securite-routiere-11-des-morts-en-moins-en-2013-1435608-4755.php?nic

101 : graphique de Zeke Hausfather (Berkeley) dans une discussion en ligne début 2021 sur climatefeedback.org https://climatefeedback.org/claimreview/prageru-post-by-william-happer-uses-flawed-reasoning-to-claim-that-climate-models-always-fail/r ; il l'adapte d'un article https://agupubs.onlinelibrary.wiley.com/doi/abs/10.1029/2019GL085378 (2019) résumé ici par la Nasa https://climate.nasa.gov/news/2943/study-confirms-climate-models-are-getting-future-warming-projections-right/

104 : le keep calm : https://thekitchenrevolution.wordpress.com/2015/06/08/false-alarm/ (2015) ; la photo est une copie d'écran du clip "*False Alarm*" de The Weeknd (2016), https://www.youtube.com/watch?v=CW5oGRx9CLM

105 : l'image de « bruit blanc RGB » est extraite de https://stackoverflow.com/questions/15792105/simulating-tv-noise

109 : Paola Pascual-Ferra et al., graphique réalisé avec Netlytic dans leur article (2020) "*Social Network Analysis of COVID-19 Public Discourse on Twitter: Implications for Risk Communication*" https://doi.org/10.1017/dmp.2020.347

110 : la carte de gauche a été publiée par son auteur sur Twitter (2020) : https://twitter.com/lecartographe/status/1320722603888226304

La carte de droite est présentée et critiquée par Dominique Boullier (2013) sur https://opinionsentiment.hypotheses.org/44.

113 : article LinkedIn de Avin Jain "*Big Data Pipeline Implementation Use Case*" (2017) https://www.linkedin.com/pulse/big-data-pipeline-implementation-use-case-avin-jain/

115 : détail de l'image en couverture de https://www.aboutpipelines.com/fr/pipeline-101-fr/contenu-dun-pipeline/pipelines-de-liquides/

Points 1, 9, 14, 15, 16, 17 (ReLU), 18, 19, 20, 21, 22, 24, 26, 27, 29, 30, 31, 35, 37, 38, 39, 41, 42, 44, 45, 48, 49, 53, 56, 60, 62, 67, 69, 70, 71, 72, 73, 74, 75, 76, 78, 81, 86, 90, 96, 98, 99, 102, 104, 105, 106, 108, 111, 112, 116 : schémas, tableaux, programmation et/ou copies d'écran de l'auteur.

Points 6, 23, 61 et 65 (Argenteuil), 46 (Amboise), 52 et 117 (Lisieux), 118 (Ouistreham), 119 (Rugles), 120 (Saint-Germain de Livet), 12, 19, 57, 64 : photos de l'auteur.

Index

Les notions ou outils listés ici (en français et anglais) sont souvent évoqués, non seulement aux points dont le numéro est indiqué, mais aussi dans les points précédent ou suivant.

Printed by Amazon Italia Logistica S.r.l.
Torrazza Piemonte (TO), Italy

50732003R00087